ÉLIE

ou

L'APPEL DU SILENCE

DU MÊME AUTEUR

Les mots nouveaux en hébreu moderne. Publications orientalistes de France. Paris, 1976.

Langue et idéologie. Presses du CNRS. Paris, 1986.

L'orthographe : guide pratique de la réforme. Coll. « Points actuels ». Éd. du Seuil. Paris, 1991.

MICHEL MASSON

ÉLIE

ou

L'APPEL DU SILENCE

Parole présente

LES ÉDITIONS DU CERF
PARIS
1992

Avertissement

Ce livre est orthographié conformément aux récentes recommandations de l'Académie française (*Journal officiel*, 6 décembre 1990, Annexe n° 100).

Les mots hébreux ont été rendus dans une transcription aussi légère que possible (consonantisme biblique et vocalisme israélien).

Le nom d'un auteur suivi d'une date renvoie à la Bibliographie, p. 225.

Remerciements

Je tiens à remercier chaleureusement toutes les personnes qui ont bien voulu me relire et me conseiller. Leurs avis m'ont été extrêmement précieux. J'exprime en particulier toute ma gratitude à M. André Caquot, professeur au Collège de France.

אִי־אֶפְשָׁר לְבֵית־הַמִּדְרָשׁ בְּלֹא חִדּוּשׁ

(*Hagiga* 3)

«L'étude ne se conçoit pas sans innovation».

La personne humaine dont le nom résumerait le mieux l'Ancien Testament est sans doute Moïse et, si l'on devait désigner celui qui vient en second, on choisirait probablement l'un des grands prophètes, par exemple Isaïe. Dans ce jeu du palmarès, bien des noms seraient ensuite proposés avant qu'on songe à mentionner Élie. Et pourtant, il se pourrait qu'il soit plus grand qu'Isaïe et l'égal de Moïse.

Simple boutade, dira-t-on, car ce qu'on sait de lui [1] le fait apparaitre comme un second rôle. Non qu'il soit une figure

---

1. Les informations concernant Élie se trouvent presque toutes concentrées dans six chapitres du livre des Rois (1 R 17, 18, 19 et 21 ; 2 R 1 et 2). Rappelons que ce livre historique de la Bible est formé par la compilation de documents relatifs à la mort de David (vers − 975), au règne de Salomon (− 975 à − 935) et aux souverains qui, après le schisme (− 935), régnèrent sur Israel et sur Juda. La plupart de ces documents sont des chroniques rapportant des faits sinon vrais, du moins, dans l'ensemble, vraisemblables et conformes au bon sens ordinaire, mais on y trouve aussi tout un fonds de légendes où le surnaturel surgit à chaque détour. − On s'accorde à tenir les chapitres consacrés à Élie pour l'un de ces documents de type légendaire, et donc, distinct des chroniques ; d'autre part, pour des raisons de style et de manière, on admet aussi que cet ensemble se différencie d'un autre cycle légendaire constitutif du livre des Rois : celui d'Élisée (2 R 2−13). On s'entend aussi pour dater le cycle

terne. Au contraire, c'est un personnage hors du commun :
sa vie n'est qu'une succession de prodiges ; on le voit
d'abord frapper de sécheresse le royaume d'Israel tandis
que, lui, survit miraculeusement grâce à l'appui de Dieu ;
puis il réalise une multiplication de la farine et de l'huile
chez une veuve qui l'a généreusement accueilli et il ressus-
cite ensuite le fils de cette femme ; après quoi, sur le mont
Carmel, devant le roi Achab et tout le peuple réuni, il défie
victorieusement les prêtres de Baal, les massacre et décide
d'interrompre la sécheresse. Il se rend alors sur l'Horeb
— autre nom du mont Sinaï — où lui est octroyée la
révélation de Dieu. Par ordre divin il est renvoyé vers le
nord où il organisera l'avenir d'Israel par personnes inter-
posées (son successeur Élisée, et les rois Hazael et Jéhu)
tandis qu'il veille à l'ordre yahviste en accablant de puni-
tions miraculeuses Achab, sa femme Jézabel et son fils
Ochosias ainsi que des militaires trop attachés à ce dernier.
Enfin, pour couronner cette prodigieuse carrière, il est
élevé au ciel.

Miracles, théophanie, ascension : nul autre mortel dans
l'Ancien Testament n'aura autant bénéficié de la faveur
divine, pas même Moïse qui, pourtant, a réalisé des
miracles et parlé face à face avec l'Éternel mais n'est pas
monté au ciel. Hormis l'obscur Hénoch (voir Gn 5—24),
Élie est le seul homme à jouir de cette gloire.

---

d'Élie du – VIIIᵉ siècle environ (voir Lods 1950, p. 195 ; Cazelles 1973,
p. 313 ; Gray 1977, p. 372 ; certains auteurs proposent même le
– IXᵉ siècle : voir Albright 1951, p. 306-309 ; Fohrer 1957, p. 42). — Les
autres mentions d'Élie dans l'Ancien Testament se trouvent dans deux
versets de Malachie (3, 23-24), une allusion en 2 Chroniques 21, 4-19,
2 Rois 9, 36, 2 Rois 10, 10, 2 Rois 10, 17 et dans l'Ecclésiastique 48,
1-11.

Sans être exagérément rationaliste, on pourrait à la limite douter de la réalité historique de ce personnage ou se contenter d'admettre qu'un siècle après le roi David, entre – 900 et – 800 environ, a dû exister un yahviste actif et convaincu dont la forte personnalité aura été idéalisée par l'imagination populaire. Mais, précisément parce qu'il est associé de façon constante au surnaturel, il ne réussit pas à émerger de la légende. Il reste donc largement irréel et, en fin de compte, peu crédible. Mais surtout il n'apporte aucun message nouveau ; il agit beaucoup mais ne dit rien et, par ses actes, il se contente de promouvoir efficacement la bonne cause, c'est-à-dire la tradition de Moïse. Il défend l'héritage mais il ne l'enrichit pas et le modifie encore moins. Ses hauts faits, magnifiés par la fantaisie populaire, lui assurent un prestige certain mais, malgré son panache, son rôle reste celui d'un lieutenant.

Et, pourtant, on peut être troublé par deux détails qui cadrent mal avec cette image. Tout d'abord deux versets insolites du prophète Malachie :

> *Voici, je vous enverrai Élie, le prophète,*
> *Avant que le jour de l'Éternel n'arrive,*
> *Ce jour grand et redoutable.*
> *Il ramènera le cœur des pères à leurs enfants,*
> *Et le cœur des enfants à leurs pères,*
> *De peur que je ne vienne frapper le pays d'interdit*
> (Ml 3, 23-24).

Il s'agit du Jugement dernier et il est étrange qu'en un moment aussi solennel, la vedette soit donnée non à Moïse ou à l'un des grands prophètes mais justement à Élie.

Le second détail concerne la façon dont le cycle d'Élie est rédigé : en effet, au premier abord, on est frappé par une série d'incohérences et même de maladresses. Citons-en quelques-unes :

1 R 17, 1 s. : Élie décrète la sécheresse mais on ne sait pas pourquoi.

1 R 17, 4-6 : Dieu lui fait alors apporter de la nourriture par des corbeaux mais ces oiseaux sont impurs. Élie ne devrait donc pas absorber ce qu'ils ont touché.

1 R 17, 7-9 : La sécheresse s'aggrave, le ruisseau auquel Élie buvait sur la recommandation divine se tarit. Dieu en vient donc à faire entretenir son protégé autrement (il l'envoie chez la veuve de Sarepta) — comme s'il n'avait plus la puissance de prolonger son miracle.

1 R 18, 34-35 : Sur le Carmel, pour procéder au sacrifice, Élie fait apporter une grande quantité d'eau : d'où vient-elle en ces temps de sécheresse ?

1 R 19, 2 : Jézabel envoie un messager à Élie pour lui annoncer qu'elle le fera tuer le lendemain. Pourquoi le prévient-elle ? Pourquoi, si elle sait où il se trouve, lui envoie-t-elle un messager et non un détachement de soldats qui pourraient se saisir de lui et même le massacrer ?

1 R 19, 3 : Le message de Jézabel détermine Élie à s'enfuir. Pourquoi ne résiste-t-il pas ? D'après ce qui précède, nous savons qu'il est vainqueur et que le peuple et le roi sont avec lui. En fait, une catastrophe s'est produite mais nous ne l'apprendrons que sept versets plus loin. Il faut donc supposer ou une coupure du texte ou une grande maladresse.

1 R 19, 9-13 : Après avoir essuyé cette défaite, Élie

bénéficie d'une théophanie sur le mont Horeb (Sinaï).
Après une mise en scène fort spectaculaire (tempête,
séisme et flammes), Dieu se révèle et fournit un plan de
campagne à son prophète. Or, cette révélation ne
s'impose guère, du moins à ce moment du récit puisque,
dès le début, on nous a montré qu'Élie vivait dans
l'intimité de Dieu : il aurait donc fallu que ce message se
situât dans les premiers versets de 1 R 17. D'autre part,
il pouvait bien l'informer sur place de ses projets relatifs
au peuple d'Israel sans le faire descendre jusqu'au Sinaï
pour le renvoyer justement vers le nord.

1 R 19, 9-10.13-14 : Le dialogue entre Dieu et son
prophète est répété mot pour mot de façon si maladroite que la critique, unanime, préfère considérer qu'un
des deux passages est dû à une erreur de copiste (voir
Montgomery 1951, p. 313).

1 R 19, 11 : Dieu ordonne à Élie de sortir de la caverne
où il a passé la nuit ; c'est qu'il va se révéler après la mise
en scène signalée plus haut. Le texte ne précise évidemment pas qu'Élie a obéi à l'ordre de Dieu, tout
simplement parce que, par principe, il obéit à Dieu et
que, dans ce cas particulier, il n'avait aucune raison de
ne pas obtempérer. Et, pourtant, au verset 13, juste
après la théophanie, on apprend qu'Élie « sortit et se tint
à l'entrée de la caverne » ; il n'en serait donc pas sorti.

2 R 1, 9-16 : Le roi Ochosias, maudit par Élie, dépêche
trois milices de cinquante hommes pour se saisir de lui.
Ces hommes ne font qu'obéir aux ordres du roi. Pourtant, c'est eux que le prophète foudroie alors qu'il lui
aurait suffi de punir Ochosias.

À vrai dire, nul n'est surpris de ces inconséquences et

de ces faiblesses car le récit tout entier est constitué d'une succession d'anecdotes merveilleuses et appartient donc au genre du conte, c'est-à-dire à une forme littéraire éminemment populaire où l'on peut s'attendre à un manque de rigueur. On conclura donc que le cycle d'Élie (comme celui d'Élisée) serait un amalgame de traditions mal construit, mal transmis et peut-être mal compris, qui aurait été exploité par le rédacteur du livre des Rois parce qu'il y trouvait un écho à son projet : la lutte autour des prophètes contre le paganisme.

Mais, en même temps, on ne peut manquer d'observer que, paradoxalement, ce texte a fait l'objet de soins très attentifs. Pour ne citer que A. Lods (1950, p. 195), « au point de vue littéraire ces histoires sur Élie comptent parmi les meilleures de la littérature hébraïque. Elles sont écrites dans la manière large des conteurs populaires qui savent développer un récit. Elles ont de plus quelque chose qui leur est propre, une grandeur, une allure épique qui font que ces épisodes ont pris la valeur de types et se sont fixés dans les mémoires beaucoup mieux que les récits plus historiques sur Achab ». Non seulement le texte est d'un bout à l'autre rendu vivant par l'introduction de dialogues et de détails concrets (voir par exemple la veuve de Sarepta qui ramasse du bois : 1 R 17, 10 ; Élie qui se gausse des prophètes de Baal : 1 R 18, 27 ; Élie après son triomphe courant devant le char d'Achab : 1 R 18, 46 ; etc.), mais surtout il témoigne d'un sens aigu de la construction.

Cela se manifeste notamment dans l'usage récurrent de ce que Y. Zakovitch (1979 et 1981) nomme la structure (3 + 1). Elle est formée de quatre éléments dont le dernier est opposé aux trois autres qui, eux, sont considérés globalement. En outre, ordinairement, ce quatrième temps est envisagé comme le plus fort ou le plus important. Le premier exemple en est fourni par l'épisode de la théophanie où quatre éléments apparaissent — la tempête, le séisme, le feu et le silence ; or on apprend que les trois premiers présentent un point commun — Dieu ne s'y trouve pas — et qu'en cela ils s'opposent ensemble au quatrième où, justement, Dieu se trouve. Mais on rencontre la même structure à proximité :

en 1 R 19, 15-18 où le sort d'Israel est tranché : trois justiciers (Hazael, Jéhu et Élisée) extermineront les pécheurs d'Israel mais il est précisé aussi que subsistera un reste de sept mille hommes « qui n'ont point fléchi les genoux devant Baal » ;

dans sa réponse à Dieu (1 R 19, 10.14), Élie mentionne trois faits relatifs à la destruction (« les enfants d'Israel ont abandonné ton alliance, ils ont renversé tes autels et ils ont tué par l'épée tes prophètes ») ; puis, dans un quatrième temps, il est indiqué que toute vie n'a pas été anéantie : « je suis resté moi seul ».

Bien entendu, l'usage de cette structure ne peut être fortuit. Peu importe son sens — simplement esthétique mais peut-être aussi mystique —, ce qui est sûr c'est qu'elle suppose une recherche, un souci de composition.

Ce souci de composition, on le retrouverait encore dans l'agencement parallèle de l'introduction et de la conclusion. En effet, quel est notre premier contact avec le prophète ? « Élie le Tishbite, l'un des habitants de Galaad, dit à Achab : l'Éternel est vivant, le Dieu d'Israel, dont je suis le serviteur ! il n'y aura ces années-ci ni rosée ni pluie, sinon à ma parole. » Nous ne savons rien de son passé : surgissant du silence, il est projeté devant le roi et devant nous avec sa malédiction. Même incertitude à la fin du texte : Élie est élevé aux cieux (2 R 2, 12) devant son serviteur Élisée et non loin d'une quantité de disciples. Ces derniers se demandent si Élie n'a pas été emporté par l'esprit de l'Éternel et « jeté sur quelque montagne ou dans quelque vallée » (2 R 2, 16), mais il apparaît que non car il s'est en fait totalement et définitivement dissout dans le ciel. Il a disparu comme il est apparu : dans le mystère.

Ce parallélisme entre l'introduction et la conclusion est en outre souligné par un autre détail : au début du texte, on apprend qu'Élie doit se cacher près du torrent du Kerith qui est en face du Jourdain (1 R 17, 3-5), ce qui signifie que le commencement de son action se situe à proximité d'un cours d'eau. Et où se termine-t-elle ? Au bord du Jourdain, c'est-à-dire aussi tout près d'un cours d'eau.

La question n'est pas ici de découvrir la signification de ces motifs symétriques — s'ils en ont une — mais simplement d'observer qu'ils existent, autrement dit, que le narrateur s'est plu à introduire ces deux détails et qu'il a veillé à produire une œuvre composée.

On pourrait faire la même remarque à propos du chapitre 18 qui relate le triomphe du Carmel. Dieu annonce à Élie qu'il va devoir interrompre la sécheresse mais le narrateur, au lieu de livrer brutalement le résultat de la mission, présente le récit selon une composition étonnamment savante : d'abord, il ne fait pas immédiatement paraître le héros mais le roi Achab et son ministre Obadia qui s'entretiennent précisément de la sécheresse. Et lorsque Élie paraît, c'est avec Obadia qu'il converse — longuement, et sans que la sécheresse soit mentionnée, comme pour faire durer l'attente. Mais cette prolongation ne parait pas artificielle puisque Élie demande à Obadia de l'annoncer à son souverain : on est donc amené à penser qu'Élie a choisi de réaliser le miracle devant le roi pour donner plus de majesté à son acte. Mais lorsqu'il aborde le roi, nouvelle attente : il demande à Achab — qui obtempère — de convoquer le peuple.

L'enjeu de l'attente est donc mis en vedette par l'ampleur quantitative et l'importance qualitative (le roi) des participants qui — notons-le bien — attendent *comme nous,* ce qui signifie que nous attendons comme eux et donc que, suprême habileté, nous sommes intégrés à la foule.

Tout est donc maintenant réuni pour que le miracle se produise : sous peine d'être ennuyeux on ne peut prolonger exagérément l'attente. À moins de relancer l'attention par un coup de théâtre. Or c'est justement ce qu'introduit ici le narrateur : Élie défie les prêtres de Baal en une sorte de duel sacré. Et alors, nouveau suspense qui s'inscrit dans le premier et qui n'est pas moins savamment entretenu que lui ; d'abord, par la description minutieuse du sacrifice à Baal ; puis de celui d'Élie et c'est alors seulement, après la solennelle invocation du prophète, qu'est donné le signe de Yahvé. Après ce premier dénouement, le second dénouement — le retour de la pluie — ne fait guère de doute mais, ici encore, le narrateur sait éviter une fin trop abrupte en laissant planer une incertitude, Élie prosterné se concentre pour qu'éclate l'orage et il demande une première fois à son serviteur de scruter l'horizon : rien ; donc nouveau suspense : Élie serait-il abandonné au dernier moment ? Ce n'est qu'à la septième fois que le nuage apparaitra.

Ce texte est construit et pensé : une telle organisation, un tel sens de la mise en scène, une telle complexité portent la marque d'un artiste.

Voici donc un texte où le souci de l'élaboration minutieuse coexiste avec une négligence notoire, le raffinement esthétique du récit pensé avec l'incohérence de la tradition populaire, l'attention avec l'inattention. Bien entendu, cette contradiction pourrait s'expliquer par le fait qu'un ou plusieurs auteurs ont pu se plaire à aménager la tradition, mais par caprice et sans plan d'ensemble, de sorte que tel passage pourra se trouver plus soigné que tel autre. Mais la modestie commande aussi d'envisager qu'on en est venu à nommer incohérence ou maladresse ce qu'on ne comprend pas : ce texte n'est peut-être pas ce que l'on croit et il se pourrait que quelque chose nous échappe.

Or, il semble effectivement qu'une autre lecture — fort inattendue — soit possible. Mais on ne la décèle qu'après avoir franchi une épreuve : l'élucidation d'une formule mystérieuse située au milieu du récit — *qol demama daqqa*.

CHAPITRE PREMIER

QOL DEMAMA DAQQA [1]

Ces mots figurent dans le passage où se produit ce qu'il est convenu d'appeler la théophanie de l'Horeb. Élie, fuyant Jézabel, se rend seul sur la montagne sacrée. Alors qu'il est dans une caverne où il passe la nuit, Dieu lui dit : « Sors et tu te tiendras sur la montagne devant Yahvé. Et voici que Yahvé passe. Un vent très fort secoue les montagnes et brise les rochers par-devant Yahvé, mais Yahvé n'est pas dans le vent. Et après le vent, un tremblement de terre ; mais Yahvé n'est pas dans le tremblement de terre ; et après le tremblement de terre, un feu ; mais Yahvé n'est pas dans le feu » (1 R 19, 11-13).

C'est ici que se situe le passage problématique qu'il faut bien d'abord indiquer en hébreu pour ne pas préjuger de l'interprétation : « Et après le feu, *qol demama daqqa* ». Avant même d'essayer d'élucider la formule, on peut d'ores et déjà indiquer qu'elle correspond à ce qu'Élie considère comme la manifestation suprême de la présence divine, puisqu'il est précisé : « lorsque Élie entendit [cela], il

---

1. Ce chapitre reprend sous une forme allégée un article paru dans la *Revue d'histoire des religions,* 1991, fasc. 3 : « L'Expérience mystique du prophète Élie : *qol demama daqqa.* »

s'enveloppa le visage de son manteau » (1 R 19, 13) ; il se voile la face car — comme Moïse face au buisson ardent (Ex 3, 6) — « il craignait de regarder vers Dieu ».

Dans les traductions classiques [2], le deuxième mot de la formule, *demama*, est compris soit comme « brise », soit comme « vibration produite par un être humain ». Ce choix commande la traduction des deux autres mots : *qol*, mot bien attesté, qui désigne tout ce que perçoit l'oreille (« bruit », « voix », « cri », « vibration », « son »), et *daqqa*, féminin de *daq*, dont le sens est non moins clair : « mince », « fin », « ténu ». L'interprétation de *qol* et de *daqqa* est irréprochable. Il en est de même pour ce qui concerne la syntaxe qui, à vrai dire, ne pose aucun problème. Mais ce qui achoppe, c'est la traduction du mot *demama* : rien ne permet de penser qu'il puisse désigner la brise pas plus qu'une production quelconque de la voix humaine car la seule valeur que l'hébreu permette de lui attribuer est celle de « silence [3] ».

Pourquoi ce faux sens ? La réponse est simple : c'est que si l'on retient le sens de « silence » pour *demama*, le passage devient totalement absurde car *demama* est un complément du nom *qol* dont nous avons vu qu'il signifie « bruit », « voix », « son », « vibration » — c'est-à-dire le contraire même du silence. Parler d'un « bruit de silence » c'est dire d'un cheval blanc qu'il est noir.

---

2. Septante : *phōnē auras leptēs*, « le son d'une brise légère ». — Vulgate : *sibilus aurae tenuis*, « le murmure d'une brise légère ». — Targoum : *qāl mešabḥin be-ḥašay*, « la voix de ceux qui louent [Dieu] dans le secret ». — Saadia : *ṣawtun tasbiḥati bi-sukūn*, « le son d'une louange [à Dieu] dans le calme ». — Peshitto : *qalo de-mamlelo rekiko*, « le son d'une parole faible *[vox sermonis tenuis]* ».

3. Pour le détail, voir l'Annexe 1, p. 219.

On conçoit donc que les traducteurs aient refusé un mot à mot absurde et l'on devine comment ils ont retenu le sens de « bruit léger » : même si le sens exact de la formule hébraïque n'apparait pas, il reste que, globalement, elle doit se référer à un phénomène radicalement différent de ceux que mentionnent les deux versets précédents ; puisqu'on y parle de vent violent, *demama* sera donc traduit par son contraire — donc par *aura* « brise[4] ».

Les traductions modernes ne sont guère plus éclairantes. Pour la plupart, elles reproduisent exactement la formule grecque ou latine[5]. Toutefois, dès le XVIe siècle, sans doute d'abord en milieu protestant, des traducteurs se sont aperçus que le mot *demama* signifiait en hébreu « silence » et, cherchant à en tenir compte, ils se sont progressivement émancipés des versions[6]. Celle qui respecte le mieux l'original hébreu est sans doute la traduction de Gray (1977) *(a sound of thin silence)* pratiquement identique à celle de Stamm (1966) (à condition d'en omettre les mots entre parenthèses : *der Ton [...] einer leisen [...] Stille)* et qui pourrait être rendue en français par « le son d'un silence fin ».

On notera que la traduction de Gray se signale par son absence de recherche littéraire et l'on s'en félicitera. En effet, la plupart des traducteurs ont fait assaut de formulations poétiques, soignant tout particulièrement le rythme et la sonorité.

---

4. Pour les versions orientales, voir aussi l'Annexe 2, p. 220.

5. Voir par ex. Dhorme (1956), repris par Osty (1973) : « le son d'une brise légère ». Autres exemples in M. Masson 1991.

6. Pour tout cela, voir M. Masson 1991.

Ainsi les Septante ont réussi à aligner six syllabes métrique-
ment longues c'est-à-dire un hémistiche spondaïque — ce qui est
presque un exploit en grec et donne une impression d'ampleur
et de majesté ; la Vulgate en utilisant le mot *sibilus*, « sifflement »,
« murmure », introduit une surtraduction puisqu'on attendait
plutôt *vox* pour rendre l'hébreu *qol* (et le grec *phōnē*) mais elle
parvient ainsi à produire une séquence accentuelle remarquable
(síbilus aúrae ténuis) puisque c'est elle qui constitue aussi le
premier élément de la strophe ambrosienne [7]. De même, les
versions modernes multiplient-elles les allitérations de spirantes
et de sonantes et l'on voit même M. Buber (1955), y ajouter la
fabrication d'un néologisme aussi habile qu'euphonique (*ver-
schweben* — croisement de *schweben,* « planer », et *verschwin-
den,* « disparaitre »).

Tous ces effets visent sans doute à évoquer la grandeur
inhérente à une révélation divine. Mais ils sont inutiles car
ils sont absents du texte hébreu : la sonorité de *qol
demama daqqa* évoque surement mieux le bruit du tonnerre ou de la chute d'un corps que le doux murmure d'un
zéphyr. Plus généralement, le récit relatif au prophète Élie
est dénué de recherche poétique mais, fait plus remarquable, le passage concernant la théophanie se signale par sa
sècheresse et sa platitude : rien de commun avec l'emphase et le lyrisme de la théophanie mosaïque ou de la
vision d'Ézéchiel ; le seul effet poétique se trouve dans le
maigre parallélisme décrivant au verset 11 la tempête « qui
secoue les montagnes et brise les rochers » (on sait qu'en
hébreu le parallélisme est la marque principale du poéti-

---

7. Cela, bien entendu, dans la perspective de la poésie latine tardive ;
voir Norberg 1968, p. 58.

que) ; pour le reste quelques notations brèves, incolores, presque techniques. Cette sobriété et cette discrétion sont, dans ce contexte, trop insolites pour n'être pas significatives — nous y reviendrons — de sorte que les fioritures des traducteurs trahissent en fin de compte le texte hébreu.

Sommes-nous donc arrivés avec Gray au stade final de la recherche ? Bien au contraire : nous nous retrouvons presque à la case départ. En effet, qu'est-ce qu'un « silence fin » ? et qu'est-ce que le « son d'un silence » ? On retrouve sans réponse les questions posées plus haut et l'embarras des versions classiques et de leurs successeurs : pour éviter l'absurde, ils avaient inventé l'équation *demama* = brise ; mais, lorsqu'on corrige le faux sens, on retrouve l'absurde...

Faut-il donc considérer le passage comme une impasse — une *crux interpretationis* ? Les traducteurs ne semblent pas le penser puisque aucun d'eux n'assortit sa version d'un point d'interrogation. C'est sans doute que, même si la formule n'est pas claire dans le détail, le contexte suffit à en révéler presque mathématiquement la teneur : puisqu'elle s'oppose aux trois formules précédentes et que ces formules se réfèrent à des phénomènes très spectaculaires, elle désigne donc un phénomène très peu spectaculaire. Et ce phénomène, l'exégèse l'interprète de façon absolument unanime : que le mot *demama* ait été compris comme « brise », « murmure » ou « silence », dans tous les cas, il implique une conception « spiritualisée » de la divinité : la théophanie de l'Horeb serait, pour reprendre les termes de Dhorme (1956, p. 1116, n. 11), une « gradation dans les manifestations du Seigneur qui méprise les phénomènes terrifiants de la nature pour se révéler dans la calme douceur du vent léger ». Ce commentaire se retrouve à l'envi chez tous les exégètes. Chez Calvin par exemple qui signale en marge de sa traduction que ce « son quoy et subtil [...] nous enseigne qu'après que la majesté de Dieu a espouvanté les hommes elle se monstre douce et amiable ». Ou encore, avec une mise en garde contre l'interprétation quiétiste et même saint-sulpicienne que pourraient susciter certaines traductions, chez de Vaux (1958) : « Le murmure d'un vent tranquille symbolise la spiritualité de Dieu et l'intimité dans laquelle il s'entretient avec ses prophètes, non pas la douceur et le silence de l'action divine : les ordres terribles donnés aux versets 15-17 prouvent la fausseté de cette interprétation pourtant commune. »

Dans le détail, l'opposition entre le spectaculaire et le non-spectaculaire a pu donner lieu à des interprétations différentes : ainsi pour certains [8] la brise représente la miséricorde divine et invite Élie à plus de mansuétude ; mais pour d'autres elle symbolise la vraie spiritualité, alors que la tempête, le séisme et le feu représentent une forme primitive de religion et, plus précisément, le baalisme [9] ou le yahvisme baalisé [10]. Mais c'est surtout la très pénétrante interprétation de G. Fohrer (1957) qu'il faut retenir, selon laquelle la théophanie de l'Horeb renouvelle celle dont Moïse avait bénéficié mais avec un enseignement nou-

---

8. Voir par ex. Éphrem de Nisbé I, p. 503 C, cité par Hayek 1956 ; voir aussi Volz 1949.

9. Voir par ex. Crampon 1960 ; Cross 1973, p. 190-194 ; Coote 1981.

10. Voir Jeremias 1965 ; Steck 1968. Voir aussi Stamm 1966. Pour Würthwein 1984, voir M. Masson 1991, n. 15.

veau : alors que sur le Sinaï Yahvé se présente à Moïse et à son peuple sous des aspects spectaculaires, maintenant il signale à Élie que le divin n'est pas dans ce spectaculaire. Élie serait donc un nouveau Moïse.

Il n'en reste pas moins que si, dans le détail, les exégètes peuvent diverger légèrement, ils s'entendent sur l'essentiel : la formule *qol demama daqqa* se réfère à une manifestation divine ; cette manifestation est à l'opposé du spectaculaire ; c'est une leçon donnée à Élie sous forme allégorique. Cela étant acquis, il importe à vrai dire assez peu que la manifestation en question soit une brise, un murmure, le chuchotement d'une petite voix ou le silence. Chaque traducteur aura fait de son mieux pour respecter tantôt la tradition ou tantôt l'original, tantôt l'exactitude ou tantôt l'esthétique.

Cette conception apparemment séduisante de la théophanie présente bien des difficultés. En effet, et d'abord, elle est peu vraisemblable : si Dieu veut signaler qu'il est aussi calme et douceur, il lui suffit de l'affirmer. Qu'a-t-il besoin de cet incroyable montage audiovisuel de tempête, de séisme et de flammes pour prouver qu'il n'est *pas* cela ?

Ensuite, on pourrait certes admettre que l'importance du message justifie cette mise en scène : comme dans le livre de l'Exode, il fallait frapper l'imagination. Mais l'imagination de qui ? Dans l'Exode, le peuple entier est assemblé dans le Sinaï et l'on peut à la rigueur admettre que le peuple a besoin de spectacle. Mais ici Dieu ne s'adresse qu'à Élie seul. Son prophète est-il donc si borné — ou si sceptique — qu'il faille user de tels moyens pour le convaincre ?

En outre, cette leçon de théologie est inutile car la nature placide de Dieu est déjà bien connue : il suffit de relire les dialogues entre Dieu et Abraham pour s'en convaincre. Et dans notre texte même, dans les premiers versets, Dieu entre en relation avec le prophète de façon surnaturelle, certes, mais non spectaculaire et encore moins terrifiante.

Enfin, une leçon de théologie aussi importante pour le fond et aussi spectaculaire pour la forme devrait constituer un tournant dans le récit : avant donc, Dieu est fondé à se manifester de façon spectaculaire et primitive — comme dans l'épisode du Carmel au chapitre précédent où il fait tomber la foudre à la demande d'Élie ; mais *après,* cela ne devrait plus se produire. Or, quelques chapitres plus loin, par deux fois, la foudre divine frappe à la demande d'Élie, deux troupes de cinquante et un hommes et, à la fin du récit, un char de feu intervient dans l'ascension du prophète.

Ainsi, on s'aperçoit qu'on ne peut plus se fier à cette exégèse qui confortait les diverses traductions de *qol demama daqqa* et qui autorisait même une certaine désinvolture. On se retrouve donc avec une formule obscure et même, apparemment absurde. Il serait alors prudent de ne la rendre que par une traduction aussi littérale que possible (comme celle de Gray, à quoi correspondrait le français « un son de silence fin ») mais assortie d'un point d'interrogation pour bien souligner que le passage défie encore l'interprétation et qu'il est peut-être incomplet ou corrompu.

Dans ces conditions, on se sent aussi fondé à s'enhardir et à essayer de lancer une nouvelle proposition.

Avant tout, il faut tenir compte de deux faits évidents :
d'abord Élie est un mystique ; ensuite la formule à élucider
se situe dans le récit d'un contact entre ce mystique et la
divinité. Inutile de préciser que, par définition, ce type
d'expérience est mystérieux et ne peut se rapporter aisément ; mais, d'une façon générale, les mystiques la décrivent ou bien comme une perception, c'est-à-dire que le
mystique voit, entend, touche la divinité ; il est sujet, elle est
objet extérieur. Ou bien il sent la divinité de l'intérieur et
tend à se fondre en elle. Le premier type qu'on pourrait
appeler « externe » est représenté par les visions de Berna-
dette Soubirous par exemple ou les voix de Jeanne d'Arc
ou encore l'apparition de Yahvé à Moïse dans Ex 3 et 24 ;
le second type — nommons-le « interne » — par les extases
de Thérèse d'Avila ou encore les différentes variétés de
samadhi répertoriés dans les traités de yoga.

Si l'expérience du premier type n'a pas d'autre témoin
que le mystique, on est fondé à tenir le phénomène pour
purement subjectif : cela ne préjuge en rien de sa valeur ; il
se trouve simplement classé parmi les expériences internes.

En comprenant le mot *demama* comme « brise »,
« murmure », la tradition situait la théophanie dans le
premier type (en admettant, pour éviter la matérialisation
de Dieu dans un phénomène météorologique, que ce bruit
léger était *signe* de Dieu). Puisque cette interprétation n'est
plus tenable, on peut désormais admettre *a priori* que
l'expérience d'Élie peut appartenir au premier type aussi
bien qu'au second. Voyons alors quelles informations peut
fournir le contexte.

D'abord, l'expérience exprimée par la phrase qui nous
intéresse est le final d'un ensemble de quatre épisodes dont

les trois premiers sont constitués par des phénomènes spectaculaires : tempête, séisme, feu. À première vue, le texte invite à les prendre au pied de la lettre : en telle année, en présence d'Élie, une catastrophe se serait abattue sur le Sinaï. Par extrapolation, cela pourrait engager à comprendre *demama* comme un phénomène de même ordre ; même si l'interprétation « brise », « murmure » était rejetée, on envisagerait donc alors une expérience de type « externe ». Mais, d'une part, ces phénomènes ne constituent pas la théophanie proprement dite ; au contraire, puisque pour chacun d'eux il est signalé que Dieu en était absent. D'autre part, qu'on y regarde bien : Élie est seul. Et ce fait est indubitable car, au verset 4, il est indiqué très explicitement qu'il laisse son serviteur à Beer-Sheba ; ce détail est important car, dans ce qui suit, est décrit le désarroi profond du prophète dans le désert : « il s'assit sous un genêt et demanda la mort ». La compagnie des humains étant censée apporter une consolation, il importait qu'on sache qu'il en était privé et que sa solitude était totale, pour que le désarroi fût perçu comme absolu. Pour notre propos, il en résulte que la catastrophe n'a d'autre témoin qu'Élie. De ce fait, le texte diffère de récits théophaniques comme ceux d'Exode 19, 9, par exemple, ou Exode 24, 1-2, où il est indiqué que le bénéficiaire de la théophanie n'est pas seul de sorte que sa vision est implicitement cautionnée puisque les témoins garantissent son historicité. Au contraire, dans le cas d'Élie, le narrateur ne peut que transmettre les souvenirs d'une personne seule, ce qui implique que la phrase : « Il y eut une tempête, etc. » signifie en fait : « Élie eut l'impression qu'il y eut une tempête, etc. » D'entrée de jeu, le texte est donc tout entier situé dans la subjectivité. Cela ne suffit pas à établir le caractère « interne » de l'expérience mystique mais enseigne que rien ne garantit son caractère « externe » ; en outre, non seulement on ne peut toujours pas affirmer que l'expérience exprimée par *qol demama daqqa* est plutôt externe qu'interne, mais on se trouve dans la même incertitude à propos des phénomènes météorologiques : ils peuvent être envisagés comme réels mais — et nous reviendrons sur ce point — tout aussi bien imaginaires.

Ensuite, il vaut la peine de prendre en compte un détail presque cocasse : il est dit de la tempête qu'elle « désarticule les montagnes et broie les rocs ». Or le témoin (unique) de cette tempête se trouve précisément parmi ces montagnes et ces rochers. Si l'on prend la formule au pied de la lettre, cette faible créature aurait dû à plus forte raison être pulvérisée et ne jamais ni observer les deux autres phénomènes ni même pouvoir témoigner ! Serait-ce une galéjade ? Non : le contexte indique clairement que le narrateur ne veut pas faire passer Élie pour un menteur. Mais, en ne gommant pas l'exagération, il relativise l'objectivité du témoin : ou bien le saint homme a un peu rêvé et même beaucoup rêvé, ce qui ne met absolument pas en cause la valeur spirituelle de la chose rêvée — soulignons-le — mais la situe dans le domaine de l'expérience interne. Ou bien le prophète, dans son récit (rapporté par le narrateur), essaie tout simplement de rendre compte d'une impression bouleversante par des métaphores, exactement comme lorsqu'on dit : « je brule de le voir » ou « je suis vanné ». Une impression bouleversante : ici encore, nous sommes dans le domaine de l'expérience interne.

Enfin, il faut prendre en compte un détail linguistique

jusqu'ici négligé : toutes les phrases du chapitre 19 ont pour sujet un être animé, que ce soit Élie ou un être surnaturel (l'ange, la voix de Dieu et Dieu lui-même) sauf celles des versets 11 et 12 où le sujet est le nom d'un phénomène physique (tempête, séisme, feu et, bien entendu, *qol demama* qui reste à élucider).

En effet, il n'est pas dit : « Élie vit une tempête », « Élie eut peur de la tempête » ni « Dieu suscita une tempête », mais bien « il y eut une tempête », « il y eut un séisme ». Autrement dit, il n'est plus fait mention du sujet Élie, il n'existe plus que « de la tempête ». Et pourtant Élie est bien là. On ne saurait mieux exprimer l'état de conscience caractérisé par une attention si fortement concentrée que le sujet s'oublie dans l'objet et que le percevant se confond avec le perçu. Cet état de conscience est abondamment signalé chez d'autres mystiques ; ainsi, pour ne donner qu'un exemple, cette forme de samadhi définie par Patanjali dans le *Yoga Darsana* (III, 3) : « lorsque seul demeure l'objet de la contemplation et que la propre forme de celui qui contemple est annihilée, on dit qu'il y a Identification *[samadhi]*[11] » (voir Daniélou 1951, p. 111).

Dans ces conditions, la question de savoir si les phénomènes décrits sont imaginaires, hallucinatoires ou réels (c'est-à-dire objectifs) ne se pose plus. Le narrateur donne à entendre qu'il n'est ni un reporter ni un climatologue, mais qu'il rend compte d'états de conscience mystiques : la tempête peut bien souffler dans les montagnes ou sous

---

11. Cette interprétation est confortée par la paraphrase du Targoum qui parle non du vent, du séisme et du feu, mais des *anges* du vent, etc. Ainsi est-il clairement indiqué que les trois phénomènes ne relèvent pas du monde naturel : ce sont des visions.

un crâne, peu importe ; ce qui compte, c'est que le prophète a senti en lui comme un cyclone, il l'a senti si fort qu'il ÉTAIT cyclone ou, du moins, c'est ainsi qu'avec des mots il a pu rendre compte de cette expérience puissante et insolite.

On est donc fondé à envisager l'ensemble de l'épisode comme le récit d'une extase qui comporterait quatre étapes exprimées métaphoriquement. Il reste à préciser le contenu de ces métaphores ; pour cela, on est grandement aidé par les descriptions que d'autres mystiques font de leurs expériences.

Le vent. — il est envisagé ici comme un ouragan absolument destructeur puisqu'il « désarticule les montagnes et broie les rocs ». Or, rappelons que le prophète se trouve en état d'isolement sensoriel et que cet état peut déterminer des troubles graves surtout chez un homme physiquement affaibli, ce qui est le cas du prophète Élie : il peut devenir fou de façon transitoire ou même définitive. En effet, les conditionnements, en particulier sociaux, qui structurent la personnalité s'effondrent, abandonnant le sujet à toute une vitalité qu'il pouvait avoir contenue jusque-là. « Alors se déchaine la tempête des esprits ; les souffles des passions se mettent à soulever l'abime du cœur [...]. Expulsés, ils agitent encore, par les sensations, la surface de l'esprit, puis la bonace de l'esprit ne tarde pas à se faire sentir [12]. »

La psychanalyse parlerait évidemment de retour du refoulé mais, en l'occurrence, un retour total et brutal, donc explosif,

---

12. Voir Pseudo-Syméon, cité dans Philocalie (1979), p. 163.

et pouvant conduire à la folie. Les mystiques chrétiens y verraient le diable — qu'on pense à la tentation de saint Antoine, isolé lui aussi dans le désert (lieu de prédilection des démons dans le monde sémitique; voir Lc 4, 1; 2, 24 ou Mt 12, 43; voir aussi É. Langton 1951, p. 13-14, 29). Le bouddhisme zen parle des *makyos* qui sont «une irruption brutale du matériau inconscient qui peut aboutir à des réactions risquées» ou «une surestimation suivie d'attachement d'une découverte partielle de soi que le sujet peut prendre pour le but réel» (Y. Ikemi 1980, p. 14): «les jeunes moines qui pratiquent [le zen] souffrent éventuellement de *makyo* et sont sujets au *zen-byo* [la maladie du zen], dont l'issue est parfois fatale. Il semble que certains ne peuvent supporter la grave épreuve d'avoir à affronter la libération soudaine de leur matériau inconscient» (Y. Ikemi 1980, p. 142).

Le séisme. — Ce phénomène pourrait constituer une variante du précédent mais il pourrait aussi être l'expression imagée d'un phénomène physiologique bien connu des mystiques hindous: «Au second stade [de la transe] le corps [du yogi] tremble, et au troisième stade se manifeste une tendance à bondir comme une grenouille [13] [...].»

Mais, bien entendu, il n'est pas besoin d'aller si loin pour trouver mention de ce phénomène: il suffit de penser aux shakers d'Anna Lee, aux trembleurs des Cévennes ou aux convulsionnaires du cimetière Saint-Médard. Les hésychastes le signalent eux aussi («[...] l'opération spirituelle [...] se manifeste [...] comme une exultation mêlée de tremblement [14]»), de même que les soufis: lorsqu'on pratique le *dhikr,* il peut se produire

---

13. Voir Shiva Samhita III, 48.51, cité par Daniélou 1951, p. 105.
14. Voir Grégoire le Sinaïte, cité dans Philocalie, p. 181.

« un tremblement *['ikhtilāj]* ou quelque agitation *[ḥaraka]* puissante [15] [...] ».

Le feu. — De très nombreux mystiques mentionnent la sensation de brulure ou d'intense chaleur qu'ils ressentent au cours de la transe. C'est ainsi que dans le texte cité plus haut est indiqué : « Au début [de la transe], la sueur inonde le corps du yogi [16]. »

On pense aussi à la *Majjhima-nikaya* (I, 244) ou à la *Dhammapada* (387) pour le monde bouddhiste, mais aussi dans le monde islamique à une tradition soufie : « le *seyyd,* en écoutant les instructions du cheikh et en découvrant les mystères, devenait tellement enflammé qu'il plaçait ses deux pieds sur le foyer du brasier et tirait avec la main les morceaux de charbon allumés [17] ». Et chez les hésychastes, voir Grégoire le Sinaïte (Philocalie, p. 183) : « [...] l'esprit [...] s'ébranle peu à peu au milieu d'un feu joyeux [...] l'opération se produit dans le cœur [...] accompagnée d'une chaleur divine. Dieu est un feu qui consume » (Dt 4, 23) ; ou encore, avec une connotation démoniaque, Calliste II : « À ceux qui sont dans la contemplation [les démons] forgent des imaginations, colorent l'air d'une sorte de lumière, parfois ils le présentent sous forme de feu pour égarer l'athlète du Christ du mauvais côté » (Philocalie, p. 220), de même Diadoque de Photicé : « Si donc l'un des combattants voit quelque forme ignée ou quelque lumière, qu'il n'accepte pas cette vision. C'est une tromperie de l'ennemi » (*ibid.,* p. 61).

Signalons enfin que dans un cas au moins les trois

---

15. Tanwīr al-qulūb, cité dans Philocalie, p. 243.
16. Voir n. 1.
17. Cité par Eliade 1959, p. 121.

manifestations psychophysiologiques se trouvent réunies :
« Les *Djouka* de Surinam, quand le *gadou* [dieu] est entré
en eux voient toutes choses tourner devant leurs yeux. Ils
tremblent, leur regard est fixe [...] ils éprouvent une sorte
de chaleur [18] [...]. »

Dans la description de ces trois états de conscience, on
doit tenir compte d'un élément capital : après la mention
de chacun, le texte biblique indique que Dieu n'y est pas
présent. Cela signifie que la conscience discriminative
fonctionne, mais on remarquera qu'il n'est pas dit : « Élie
vit que Dieu n'était pas dans la tempête », mais seulement :
« il y a de la tempête, Dieu n'est pas dans la tempête ».
C'est-à-dire qu'il y a *du* jugement, comme nous avons vu
plus haut qu'il y avait *de la* tempête sans mention d'un
sujet. Cette formulation laisse donc entendre que, si la
puissance de l'attention *tend* à une fusion du sujet et de
l'objet, il demeure en arrière-plan une forme de vigilance
(sans doute intermittente) qui rend capable d'évaluer ce
qu'appréhende l'attention. On peut se représenter cet état
paradoxal en le comparant par exemple à celui de l'excel-
lent comédien qui *est* le Cid mais peut ne pas complètement oublier qu'il est aussi Gérard Philipe [19].

Nous sommes à présent mieux armés pour élucider la
phrase énigmatique *qol demama daqqa*. En nous fondant
sur ce qui précède on est amené à formuler deux remar-
ques.

D'une part, l'épisode final de la révélation est exprimé
de façon comparable aux trois précédents, à savoir sous la

18. Voir Van Lier, cité par Van der Leeuw 1955, p. 478.

19. Voir la mystique dite « enrayée » mentionnée par Van der Leeuw
1955, p. 497-498.

forme d'une phrase nominale dont le sujet est un inanimé. *A priori,* donc, ce qui a été dit sur ce mode d'expression s'applique aussi à l'épisode final, c'est-à-dire qu'il implique l'extinction du sujet banal, l'absorption dans une intense concentration, et qu'il s'agit d'une expérience mystique de type « interne ».

Mais, d'autre part, on observe un élément nouveau : alors que, dans les trois premiers moments de la hiérophanie, il est indiqué à chaque fois : « Dieu n'est pas dans le vent, etc. », comme une ritournelle et que l'esprit, habitué à cette répétition, s'attend après l'énoncé d'une nouvelle phrase à retrouver la trace de ce refrain, surprise : le quatrième et principal moment est amputé du commentaire prévu, qui serait évidemment quelque chose comme : « Dieu était dans ceci. » Et cette amputation dans un passage aussi important ne peut qu'être voulue et significative : l'indication que Dieu n'est pas dans le vent, dans le séisme, dans le feu impliquait, nous l'avons vu, une forme de vigilance, et donc un résidu de conscience discriminative. La notification que Dieu est dans le quatrième phénomène aurait de même impliqué ce résidu. Par contraste, l'absence de toute indication exprime de la façon la plus habile l'extinction de toute conscience discriminative et, par là même, la fusion totale du sujet dans le divin à la suite d'une concentration portée à son acmé.

Or, par définition, la conscience discriminative suppose un objet, c'est-à-dire en fin de compte une perception (ou le souvenir d'une perception). Son abolition suppose de même l'absence de perception. Autrement dit le silence — mais un silence perçu par un sujet éminemment attentif.

Cette conclusion, notons-le, est obtenue non par l'examen de la formule *qol demama daqqa,* mais par celui de son environnement linguistique et stylistique, ainsi que, même si nous ne possédions absolument aucune documentation sur ces trois mots, nous pourrions de toute façon leur donner la valeur globale de « silence attentif ».

Dès lors, le sens de *qol demama daqqa* se donne de lui-même : *demama* signifie bien le silence et correspond à un état psychique entièrement vidé d'objet : aucune sollicitation ni extérieure ni intérieure ne vient troubler le mystique. Mais ce vide absolu n'est ni la torpeur, ni l'inhibition, ni le néant : il est au contraire attention à l'état pur. Et c'est ce qu'expriment fort bien les deux autres mots : *qol,* « bruit », « voix » donc — « tout ce qui est perçu par l'oreille » — indique qu'il y a d'abord perception et précise ensuite que cette perception s'applique au silence, l'alliance des deux mots signalant le caractère insolite et pour ainsi dire inexprimable de ce type de perception. C'est presque exactement celle qu'utilise saint Jean de la Croix dans *Le Cantique spirituel* (str. 13.14) : « Son Bien-Aimé, dit-elle [l'âme], est cette musique silencieuse [20]. » D'autre part, le second mot *daqqa,* « mince », « ténu », appliqué au silence, rend compte admirablement de l'effort de cette singulière forme d'attention ; en effet, l'adjectif *daqq-,* « mince » qualifie la poussière (Is 29, 5) et le verbe correspondant *daqaq* signifie « réduire en poudre » (des montagnes, du blé, de la viande brulée) [21] : l'attention écoute toujours plus précisément, plus scrupuleusement le silence *comme pour en extraire* une quintessence toujours plus

---

20. Évidemment sans avoir été influencé par le récit biblique puisqu'il ne le connaissait que par la traduction latine critiquée plus haut.

21. Voir Koehler-Bamgartner-Stamm, sous ces mots.

pure — comme si c'était un rocher qu'on voulait réduire en poudre. Ce silence absolu n'est pas silence passif mais silence conquis.

Par l'alliance des mots habituellement antithétiques *qol* et *demama* est souligné le caractère éminemment paradoxal de cet état mental où la conscience est à son acmé, alors même que le sujet a disparu et justement parce que le sujet a disparu, et où la plus absolue passivité coïncide avec l'engagement le plus actif de l'être ; mais on oublierait peut-être l'essentiel si l'on ne rappelait que cette forme paradoxale d'expression se réalise non pas dans la langue d'un intellectuel ou d'un homme de pouvoir mais au moyen de trois mots seulement, associés en une syntaxe transparente, trois mots très élémentaires, accessibles à un enfant : comme si le vocabulaire — c'est-à-dire l'expérience — de l'enfant était le plus propre à exprimer la réalité suprême, indescriptible mais, essentiellement, simple [22].

---

22. Cette interprétation de *qol demama daqqa* pourrait engager à reconsidérer à son tour le sens réel de la formule par laquelle le Targoum paraphrase l'hébreu — à savoir *qal di-mešabḥin ba-ḥašay,* littéralement « la voix de louants [de ceux qui louent Dieu] dans le silence ». — Or louer Dieu, c'est se concentrer sur lui en étant exalté par son excellence et le dire. Si l'on indique que la louange se fait en silence, on reprend la même définition mais on en soustrait la mention « et le dire » ; il reste alors cette attention ardente au divin hors de toute perception. La paraphrase du Targoum correspondrait alors exactement à l'état mental qui est, semble-t-il, exprimé par l'hébreu *qol demama daqqa.* — Dans ces conditions, le Targoum n'aurait pas commis de faux sens ; il aurait parfaitement compris que le texte hébreu se réfère à une expérience mystique caractérisée d'abord par des visions (dont il rend compte par le concept d'ange), puis par un état mental paradoxal où la vision disparait mais non l'attention. C'est donc après l'époque targoumique que cette interprétation aurait été oubliée.

L'interprétation du passage comme description d'une extase est confirmée par deux faits. D'abord, le texte nous apprend qu'Élie se trouvait dans des conditions matérielles universellement considérées, sinon comme nécessaires, du moins comme propices à l'extase : l'isolement, qui efface le langage et réduit la distraction ; le silence dans un cadre immuable et monotone, qui réduit les sollicitations sensorielles ; l'immobilité, qui calme l'agitation et, enfin, une alimentation de survie précédée d'un jeûne qui inhibe les excitations et le gout de l'action. D'autre part, l'état de conscience paradoxal défini plus haut se retrouve exprimé en termes analogues chez d'innombrables mystiques, qu'il s'agisse de l'approche négative du divin ou de l'absorption du moi en Dieu.

En effet, la négativité, la *via negativa* ou ce que le monde indien nomme l'*apavāda* caractérise si fort les états mystiques que M. Blondel a pu généraliser et en dire que ce qui « leur semble propre [...] c'est d'une part la dépréciation et comme l'effacement des symboles sensibles et des notions de la pensée abstraite et discursive ; c'est d'autre part le contact direct et l'immédiation de l'esprit avec la réalité possédée à même [23] ». C'est ce que O. Lacombe (Gardet et Lacombe 1981, p. 24) nomme « l'apophatisme expérimental qui caractérise toute expérience mystique » et qui se présente « comme une adhésion sans hiatus à l'être, mais dans la nuit de la négativité ». On pense bien sûr à *La Nuit obscure* de saint Jean de la Croix (voir en particulier la troisième partie de *La Montée du Carmel*), au « Dieu est pur néant » de Maitre Eckart, mais aussi à l'ordre de

---

23. Lalande 1962, sous « Mysticisme ».

Plotin : « *Aphele panta !* [Retranche tout !] », ou encore à la formule des *Upaniṣads* : « *Neti, neti* [Il n'est pas ainsi, pas ainsi] » où la répétition des négations rappelle étrangement celles de notre texte hébreu — tout autant que le *nada* de saint Jean de la Croix.

Mais c'est sans doute le mystique allemand Conrad Immendorfer qui se rapproche le plus de la formulation biblique non seulement par l'affirmation résolue de la positivité dans la négativité mais dans l'expression : même concision, même densité, même simplicité presque enfantine :

> *C'est — et personne ne sait : quoi,*
> *C'est ici, c'est là,*
> *C'est loin, c'est près,*
> *C'est profond, c'est haut !*
> *Mais non, je mentais :*
> *Non, ce n'est ni ceci ni cela* [24].

Quant à l'absorption du moi dans le divin, elle est, en quelque sorte, définitoire de l'expérience mystique ;

comme le note C. Jaspers, cité par Van der Leeuw (1955, p. 482-483), « dans la mystique, la scission entre le sujet et l'objet est fondamentalement supprimée ». C'est ce qu'illustre par exemple l'aspiration au *Fanā* d'Al-Junaid de Baġdad reprise par tous les soufis : « Dieu fait mourir [l'homme] à son moi pour vivre en lui », exprimée aussi dans le yoga : « Lorsque la pensée devient définitivement immobile, lorsque

---

24. Dans le *Deutscher Psalter* de Will Vesper, p. 43 s., cité par Van der Leeuw 1955, p. 487.

l'oscillation même entre les modalités de la méditation ne trouble plus le *citta,* on réalise l'*asamprajñāta samādhi,* l'enstase de la vacuité totale, sans contenu sensoriel et sans structure intellectuelle, état inconditionné qui n'est plus "expérience" (car il n'existe plus là de relation entre la conscience et le monde) mais "révélation". L'intellect *[buddhi]* ayant accompli sa mission se retire, en se détachant du *purusha,* et se réintègre dans la *prakriti.* Le "soi" demeure libre, autonome, en se contemplant lui-même. La conscience est supprimée ; c'est-à-dire qu'elle ne fonctionne plus, ses éléments constituants se résorbant dans la substance primordiale. Le *yogin* atteint à la délivrance : tel un mort, il n'a plus aucune relation avec le monde ; c'est un "mort dans la vie" » (voir Eliade 1948, p. 106).

Naturellement toute cette énumération ne signifie pas que ces courants mystiques se confondent : ils se caractérisent par des applications différentes — parfois contradictoires — et un style propre. Mais, malgré leur spécificité, on y reconnait un dénominateur commun qui précisément se retrouve dans l'expérience d'Élie : on est donc fondé à l'intégrer à cet ensemble.

La formule *qol demama daqqa* pourrait donc se référer non à un quelconque phénomène externe à caractère météorologique mais bien à une expérience mystique de type interne — celle de l'extase suprême où le mystique, vidé de ce qui fait son moi, accède ardemment à Dieu.

Cette interprétation présente l'avantage de respecter rigoureusement ce qu'on sait du sens de chacun des trois mots de la formule. Elle ne prête le flanc à aucune des objections que suscitent les interprétations de *demama* comme phénomène météorologique. Elle s'intègre bien au contexte puisqu'elle attribue cette extase à un mystique qui, de surcroit, se trouve dans des circonstances matérielles éminemment favorables à ce genre d'expérience. Elle est confirmée par les témoignages de nombreux autres mystiques faisant état d'expériences analogues.

Il reste à présent à examiner les conséquences de cette interprétation. Elles pourraient bien réserver quelques surprises. Elles paraissent même si étranges qu'on ne les exprimera qu'avec réticence et à titre exploratoire. Qu'on veuille donc bien considérer ce qui suit comme un essai.

CHAPITRE II

CONTRE MOÏSE

Si la nouvelle interprétation proposée dans le chapitre précédent ne portait que sur un détail technique, on pourrait en rester là. Mais elle fait intervenir une réalité religieuse d'une importance telle qu'on ne peut s'empêcher de se demander si cette rectification ne se répercute pas sur l'intelligence du contexte et même de tout le cycle d'Élie. On découvre alors qu'on se trouve pris dans un surprenant engrenage qui va en quatre phases faire apparaitre un texte métamorphosé.

Première phase : UN VERSET SUBVERSIF

Le contexte du verset, c'est bien entendu l'épisode de l'Horeb. Or, G. Fohrer (1957) l'a magistralement démontré, ce passage présente une importance capitale car on y voit établi un parallèle entre Élie et Moïse. En effet, les coïncidences sont trop nombreuses pour être fortuites. Il n'est peut-être pas inutile de rappeler les principales :

D'abord, bien entendu, le fait que Dieu se révèle aux deux hommes dans le même lieu (puisqu'on sait que l'Horeb est un autre nom du Sinaï), plus précisément à proximité d'une caverne (voir pour Élie : 1 R 19, 9 ; et pour Moïse : Ex 33, 22). Pour les deux personnages, il est fait mention d'un séjour sur la montagne pendant quarante jours et quarante nuits (Élie : 1 R 19, 8 ; Moïse : Ex 24, 18). Avant la théophanie proprement dite, le scénario est le même dans les deux cas : un dialogue, suivi d'une injonction identique de Dieu (« Tu te tiendras sur le rocher », dit-il à Moïse en Ex 33, 21 et à Élie : « [...] tiens-toi dans la montagne », voir 1 R 19, 11). Dans les deux cas enfin, un même verbe est utilisé pour décrire le même geste de respectueux effroi de Moïse et d'Élie lorsqu'ils sont exposés à la présence divine (*vayyalet* 1 R 19, 13 et Ex 3, 6). (Pour d'autres détails, voir Fohrer 1957, p. 48 s.)

Selon Fohrer, ce parallélisme indiquerait qu'Élie serait élevé à la position d'un second Moïse : les enfants d'Israel, à commencer par leurs rois, se livraient au péché avec une telle démesure que seul un homme de la trempe de Moïse pouvait les reprendre en main. Ce rôle confié à Élie, Yahvé le rend indiscutable en instituant un cérémonial d'investiture dans le lieu même où Moïse a été intronisé. Élie, mettant ses pas dans les pas de Moïse, est par là même identifié à son illustre prédécesseur.

Cette interprétation laisse un malaise. En effet, lors du triomphe du Carmel, Élie a déjà été désigné — avec quel éclat — comme l'homme de Dieu ; pourquoi lui faudrait-il une seconde investiture ? D'autre part, si cette seconde investiture devait pourtant être donnée, elle ne présenterait de toute façon d'intérêt que si le cérémonial se déroulait, comme dans le cas de Moïse, devant tout le peuple assemblé. Or, Élie est seul sur l'Horeb. Enfin, la mise en parallèle d'Élie et de Moïse fait attendre un message fracassant. En effet, dans l'Exode, la théophanie est associée à la transmission d'un message théologique fondateur : une alliance est contractée entre Dieu et son peuple. Elle est un point de départ et elle met en cause totalement toute la vie de ce peuple. Or, ici, le message est certes bien donné — c'est la formule *qol demama daqqa* — mais, interprété comme « brise » ainsi que le fait Fohrer, il reste bien mince : on apprend simplement que Dieu pourrait être doux. L'information n'est pas sans intérêt ; cependant, nous l'avons vu, elle n'est pas nouvelle. On sent donc comme une disproportion entre la mise en scène et le scénario.

Le malaise pourrait bien se dissiper si, justement, sans remettre en question la démarche globale de Fohrer, on y greffait l'interprétation de *demama* par « silence » au lieu de « brise ». C'est qu'elle suppose qu'Élie vit une extase et cela n'est pas sans conséquence.

En effet, ce que nous avons dit de cette extase fait apparaitre une conception de Dieu qui tranche avec celle de la religion archaïque encore beaucoup plus que ne le laissaient entendre les critiques : Dieu n'est pas seulement plus doux, plus spiritualisé, dégagé de l'anthropomorphisme ; trois nouveaux traits au moins le distinguent du Dieu de Moïse.

D'abord, bien qu'il soit surhumain, le Dieu de Moïse est comparable à une personne, connue de l'extérieur : Moïse lui parle comme on parle à un être humain ; il discute, argumente, conteste ; il lui obéit, ou lui désobéit, mais Dieu reste Dieu et Moïse reste Moïse même s'ils peuvent s'influencer mutuellement. Au contraire, le Dieu d'Élie est connu de l'intérieur au cours d'une contemplation mystique. Et cette révélation n'est obtenue que parce qu'Élie a renoncé à ce qui fait qu'il est Élie : la connaissance de Dieu se fait par fusion et, à la limite, Dieu est une disposition de l'âme.

D'autre part, le Dieu de Moïse intervient activement dans les affaires des hommes : c'est lui qui prend l'initiative d'appeler Moïse, et avec quelle insistance (Ex 3) ! Il fait alliance avec son peuple. Il légifère. Il le châtie ou le récompense. C'est un souverain infatigable et inlassablement loquace. À l'inverse, dans ce passage du récit d'Élie, Dieu *attend* le prophète. Il se laisse découvrir et accueille mais n'intervient pas : il est silence.

Enfin, dans l'Exode, la nature profonde de Dieu est définie par Dieu lui-même dans une formule de trois mots brefs : « *Ehye asher ehye* [Je suis celui qui suis] », immédiatement reprise : « Tu répondras aux enfants d'Israel : celui qui s'appelle "je suis" m'a envoyé vers vous » (Ex 3, 14). Comme on peut s'y attendre pour l'expression d'une telle réalité, la formulation n'est pas limpide mais parait au moins indiquer que Dieu doit être identifié comme personne (je) et comme être.

La formule mosaïque est une donnée positive : elle est obscure mais elle est là et pas simplement comme un renseignement marginal, c'est une définition. Définition attribuée, répétons-le, à Dieu lui-même. Dans ces conditions, elle est une invitation à l'approfondissement, c'est-à-dire en fin de compte à la théologie. La formulation élianique est, elle, purement négative. En effet, à cette formule clé de l'Exode correspond bien sûr dans le récit d'Élie la formule clé *qol demama daqqa* qui, nous l'avons vu, vise aussi à indiquer ce qu'est Dieu. Formule de trois mots elle aussi, exactement aussi brève que la formule mosaïque puisqu'elle ne comporte, comme elle, que six syllabes, et, comme elle, exige une élucidation. Et cette correspondance sonne comme une contestation : alors que la formule mosaïque insiste sur l'être de Dieu et sa personne (le mot qui veut dire « je suis » y est mentionné deux fois et il est repris dans la phrase suivante), la formule élianique ne mentionne ni la personne ni l'être et met en exergue le silence (le mot *demama* trône au centre et comporte trois syllabes entre deux mots plus brefs) de sorte qu'en fin de compte, tout ce qu'on peut dire de Dieu c'est ce qu'il n'est pas (il n'est ni dans la tempête, ni dans le feu, etc.) et peut-être tout au plus qu'il est — si l'on ose dire — non-néant. À la limite, il n'est peut-être pas.

En fait, cette position négative ne concerne que la démarche intellectuelle qui enfermerait Dieu dans les casiers du langage et des catégories humaines mais elle recèle simultanément un aspect positif : la possibilité d'un accès direct au divin par une modification de la conscience — en substance, par l'anéantissement de ce qui fait le moi. Peu importe que Dieu existe ou n'existe pas, qu'il soit ceci ou qu'il soit cela. Ce qui compte, c'est le vécu et la pratique qui mène à ce vécu. On voit donc que la rupture avec le mosaïsme est totale.

D'autre part, on interprétait l'intervention de la brise non pas, bien sûr, comme une identification de Dieu à un vent léger, mais comme un symbole : elle était donc le support d'un enseignement proposé à Élie de l'*extérieur* par Dieu lui-même. Le Dieu qui avait été invoqué sur le Carmel octroyait sur l'Horeb une leçon de théologie et son élève était simplement invité à apprendre un nouveau chapitre ou plus exactement à essayer de décrypter une parabole présentée sous forme dramatique : il pourrait le faire à loisir et même peut-être ne jamais y parvenir ; et, de fait, rien n'indique dans le texte qu'Élie ait réellement assimilé le mystérieux enseignement. Autrement dit, dans ce cas de figure, Élie reste Élie et Dieu reste Dieu.

Au contraire, selon la nouvelle interprétation par « silence », Élie vit une extase, c'est-à-dire une expérience psychique *interne* ; il découvre concrètement, en lui-même et par lui-même, un Dieu dont il constate qu'il est radicalement différent de celui qu'il servait jusque-là ; il *sait* par illumination que le Dieu de l'Horeb n'est plus celui du Carmel. Élie subit donc une évolution psychologique ou, plutôt, un bouleversement aussi brutal et aussi absolu que celui que connut par exemple saint Paul. Car, d'une part, cette révélation chez un homme qui se qualifie lui-même comme un fanatique de Dieu (« Je brule d'un zèle ardent... ») signifie une remise en question totale de toute sa vie ; d'autre part, non seulement le texte laisse percevoir chez lui une intense agitation mais cette expérience se voit attribuer une importance égale aux théophanies de Moïse puisque Élie et Moïse sont mis en parallèle.

Les versets relatifs à la théophanie décrivent donc une rupture : Élie n'est plus Élie car Dieu n'est plus Dieu.

Enfin, la présentation formelle du texte indique que le narrateur ne souhaite pas rester neutre par rapport à cette rupture. D'abord, le parallèle appuyé qu'il introduit entre les théophanies d'Élie et de Moïse tend à conférer à Élie la même stature et le même statut qu'à Moïse. Mais, en outre, — et cela n'a peut-être pas assez retenu l'attention des critiques — il parait prendre plaisir à souligner l'opposition. En effet, alors que la théophanie de Moïse décrite dans Exode 19 constitue un chef-d'œuvre de mise en scène hollywoodienne qui a très justement inspiré le film de Cecil B. De Mille *(Les Dix Commandements)* avec suspense, décors grandioses soigneusement mis en valeur, mouvements de foule, éloquence et poésie, la théophanie d'Élie fait figure de spectacle bâclé : le prophète est seul, le décor — pourtant en fait identique — réduit à sa plus simple expression, les paroles de Dieu limitées à une sèche injonction, la théophanie proprement dite expédiée en deux versets sans ampleur. Faut-il incriminer la gaucherie du narrateur ? Non, car nous avons vu que c'est un styliste de talent et que, en particulier, la mise en scène de l'épisode du Carmel force l'admiration. La platitude de la théophanie de l'Horeb est donc voulue. On pourrait même dire qu'elle est organisée si l'on tient compte d'une particularité du verset 11 ; c'est là qu'est présentée la première phase de la théophanie, la tempête, dont il est dit qu'elle « pulvérise les montagnes et broie les rochers ». Cette formule, nous l'avons vu, peut être considérée comme poétique puisqu'elle est composée conformément au modèle fondamental de la poésie hébraïque (deux phrases parallèles pratiquement synonymes, c'est-à-dire rimant sémantiquement). Le sujet étant sublime, le lecteur n'est pas surpris : il s'attend effectivement à une envolée dont ces deux hémistiches peuvent ne lui sembler qu'une entrée en matière. Mais l'élan est comme ironiquement brisé car non seulement nous sommes frustrés de l'envolée mais les autres phases de la théophanie ne seront même pas agrémentées d'hémistiches analogues. L'auteur a donc fabriqué une période *renversée* : il appâte le destinataire en lançant une fusée mais il s'arrange pour que la fusée rate. Il souligne ainsi son désir de refuser le grandiose. L'ensemble du passage est donc le contraire d'un échec littéraire car c'est une mise en scène qui est une anti-mise en scène. Et, précisément parce qu'elle se situe immédiatement après le triomphe du Carmel, elle ne peut pas ne pas contraster avec lui ; sa fonction n'est pas seulement de faire écho par sa sobriété au silence du moment suprême mais de souligner la différence avec l'emphase du Carmel et, par là même, de l'Exode. Plus : comme cette emphase est finalement vide alors que la sobriété de l'Horeb débouche sur l'Essentiel, le Carmel et l'Exode se trouvent discrètement ridiculisés.

Ainsi est levé le malaise suscité par l'interprétation de Fohrer : la formule *qol demama daqqa* contiendrait donc bien le message fracassant que laisse attendre le parallélisme entre Élie et Moïse. Elle révèle l'émergence d'une spiritualité intimiste mais — et ceci est nouveau — radicalement hostile au mosaïsme ; on ne peut plus dire comme Dhorme[1] qu'en se rendant sur l'Horeb « Élie vient retremper sa foi aux sources de la Loi » ; on ne peut plus en faire comme Fohrer une sorte de doublure de Moïse destinée à jouer le même rôle que le maître : Fohrer qualifiait Élie de second Moïse, il faudrait maintenant le définir comme un Anti-Moïse. Le Dieu de l'Horeb chasse le Dieu du Sinaï.

Cette conclusion est fort embarrassante car, d'abord, la cohérence du cycle d'Élie se trouve mise en question ; en

---

1. 1956, I, p. 1115, n. 8.

effet, d'une part, le mosaïsme semble condamné dans l'épisode de l'Horeb mais, d'autre part, il reste que le prophète Élie, porte-parole du mosaïsme, apparait comme un héros dans les chapitres précédents. Que signifie ce double jeu? ensuite, il n'est pas besoin d'être un grand théologien pour voir que la mystique élianique présente des traits qui recèlent de redoutables chaussetrappes à propos de la transcendance, de l'intervention divine dans le salut ou de la définition de l'essence divine. Comment ce passage s'intègre-t-il dans l'ensemble du texte biblique?

Ces questions nous entrainent dans la deuxième phase de l'engrenage.

Deuxième phase : DU VERSET AU CHAPITRE

Cette irruption d'antimosaïsme dans le récit d'Élie parait si incongrue et si contraire à la lecture traditionnelle que l'on pourrait être tenté de considérer comme une interpolation les versets 10 à 13 inclus. On y est encouragé par le fait qu'en même temps on résout ainsi deux problèmes fort gênants.

Le premier est posé par une répétition : au verset 9, Élie s'entend demander : « Que fais-tu ici, Élie ? » ; à quoi il répond : « J'ai brulé d'un zèle ardent pour l'Éternel, le Dieu des armées ; car les enfants d'Israel ont abandonné ton alliance, ils ont renversé tes autels et ils ont tué par l'épée tes prophètes ; je suis resté, moi seul, et ils cherchent à m'ôter la vie. » Or, aux versets 13 et 14, une voix pose à nouveau la même question et le prophète fournit mot à mot la même réponse. Jusqu'à présent on n'a pas réussi à justifier cette répétition et les chercheurs proposent de considérer comme interpolation soit le premier dialogue, soit le second, suivant leur interprétation de la théophanie. En supprimant les versets 10 à 13, on se conformerait donc à l'opinion générale et l'on n'aurait même plus à choisir entre les deux dialogues.

Second problème : l'épisode de la théophanie, nous l'avons vu, trouble le déroulement logique du récit : C'est avant le triomphe du Carmel qu'il aurait dû se situer. Il était naturel que Dieu se fasse d'abord connaître à Élie puis que ce dernier, enthousiasmé — au sens étymologique du mot —, se lance dans l'action.

Si donc on supprime le passage, tout devient clair : Élie est présenté comme un homme de Dieu (qui par là même n'a pas, si l'on ose dire, vraiment besoin de théophanie), il mène le bon combat (il se cache, voir 1 R 17, 3) puis attaque et gagne ; l'ennemi réagit, Élie recule et se cache dans l'Horeb où Dieu vient le seconder. En privant ainsi Élie d'une théophanie, on ne commet rien d'irréparable puisque, de toute façon, à la fin du récit, il bénéficie d'une apothéose encore plus spectaculaire : il monte au ciel.

Mais l'exégèse veut qu'on ne corrige — même un détail — qu'en toute dernière extrémité. Or, ici, c'est trois versets (neuf lignes) qu'il faudrait sacrifier. Et quels versets ! Si donc l'on ne corrige pas, il faut expliquer, c'est-à-dire vérifier si l'antimosaïsme des quatre versets incriminés n'est pas compatible avec l'ensemble du texte — à défaut de l'être avec la tradition des savants et des croyants. Or, en relisant de près le récit, on découvre avec surprise un tout cohérent où toutes les absurdités si souvent dénoncées trouvent une explication. Les quatre versets « antimosaïques » ne sont pas en effet une excroissance mais la réponse à une question posée par Élie — une question qui n'est pas formulée explicitement, mais qu'on réussit à dégager si l'on se reporte au début du chapitre 19 (1 R).

Tout se joue sous un arbre — un genêt — non loin de Beer-Sheba. En effet, après avoir vaincu les prophètes de Baal sur le mont Carmel et ramené Achab et les enfants d'Israel à Yahvé, Élie est contraint de se sauver car son ennemie Jézabel redresse la tête. Les enfants d'Israel sont retournés au baalisme et ont tué tous les prophètes sauf précisément Élie (1 R 19, 2-3, 10). Que n'a-t-on glosé sur cette fuite ! Le saint homme se voyait offert le martyre et il s'est dérobé ! Les uns condamnent, les autres pardonnent, tous sont gênés, mais on ne voit guère posée une question capitale : pourquoi est-ce à Beer-Sheba puis à l'Horeb que le prophète se dirige ? Pour échapper aux sbires de la reine ? Mais il se trouve assez de caches et de cavernes dans la Samarie et le Liban tout proches sans qu'il soit besoin d'aller si loin. On pourrait admettre à la rigueur qu'Élie préfère se rendre dans le royaume de Juda, royaume ami puisque son souverain Josaphat « faisait ce qui est droit aux yeux de l'Éternel » (1 R 22, 43) mais, une fois franchies les limites du royaume d'Israel, il n'avait guère de raison de descendre à Beer-Sheba, c'est-à-dire à l'extrême sud du royaume de Juda, aux confins du désert, très loin du lieu où il aurait pu et même, semble-t-il, aurait dû essayer d'organiser la revanche.

Certes, on pourrait admettre qu'Élie craignait une certaine duplicité de la part de Josaphat car, s'il « faisait ce qui est droit aux yeux de l'Éternel », il est dit aussi que dans son royaume « les hauts lieux ne disparurent point, le peuple

offrait encore des sacrifices et des parfums sur les hauts
lieux. Josaphat fut en paix avec le royaume d'Israel » (1 R
22, 44-45), façon de laisser entendre que Josaphat — tout
comme Achab — savait ménager le baalisme autant que le
yahvisme. En outre, si en 2 Chroniques 17, 2 on lit qu'il
« se fortifia contre Israel », il est dit plus loin qu'il « s'allia par
mariage avec Achab » (1 R 18, 1 s.).

Dans ces conditions, on pourrait imaginer que, pour
Élie, Beer-Sheba n'est qu'une étape et qu'il souhaite
s'engager profondément dans le désert jugé plus sûr. Mais
cette hypothèse est peu satisfaisante. En effet, désert pour
désert, pourquoi ne pas choisir celui de Damas, beaucoup
plus proche (et dans lequel, de fait, il se rendra peu de
temps après sur l'ordre de Yahvé ; voir 1 R 19, 15) ? Mais,
surtout, pourquoi au moment de quitter Beer-Sheba
prend-il l'extraordinaire décision d'y laisser son serviteur ?
La critique n'a peut-être pas assez tenu compte de cette
indication apparemment anecdotique : « il arriva à Beer-
Sheba qui appartient à Juda, et *il y laissa son serviteur.*
Quant à lui, il alla dans le désert [...] » (1 R 19, 3). Le
passage souligné est capital car il signifie qu'Élie a entre-
pris de se rendre dans le désert *seul.* Pour le fuyard qu'il
est, fatigué, abattu, c'est une curieuse imprudence : l'assis-
tance d'un compagnon méritait considération. Mais pour
un homme qui va dans le désert, c'est beaucoup plus
qu'une imprudence : c'est un suicide.

Un suicide : il suffit de lire le verset suivant pour
comprendre que c'est effectivement cela ou quelque chose
d'approchant qu'Élie va commettre : « Quant à lui, il alla
dans le désert où, après une journée de marche, il s'assit
sous un genêt et demanda la mort en disant : c'est assez ! »

Pour se suicider, Élie ne porte pas la main contre lui-même, il se laisse mourir d'inanition après s'être installé sous le genêt. Cela est indiqué clairement dans les deux versets suivants : « il se coucha et s'endormit sous un genêt. Et voici, un ange le toucha et lui dit : lève-toi et mange. Il regarda et il y avait à son chevet un gâteau cuit sur la cendre et une cruche d'eau ». Si Élie avait pris des vivres, l'ange se serait contenté de lui dire : « lève-toi et mange ». Il a donc fallu que l'eau et le gâteau aient été apportés par l'ange. Autrement dit, Élie, en quittant Beer-Sheba est parti sans provisions ; il ne se soucie plus ni de sa sécurité ni de Jézabel : il a prémédité et organisé sa propre mort.

Deux questions se posent alors : pourquoi Élie se suicide-t-il et pourquoi se suicide-t-il ainsi ? pourquoi cette mort lente particulièrement cruelle, pourquoi cette mort inutile et sans gloire alors même qu'il pouvait choisir de finir en martyr en affrontant Jézabel dans un combat désespéré pour l'honneur ?

La réponse à la première question est simple : Élie est vaincu. Mais ce n'est pas n'importe quel vaincu car sa défaite n'est pas seulement la victoire de Jézabel, c'est aussi et surtout la défection de Yahvé. En effet, Élie « brulait d'un zèle ardent pour le Dieu des Armées » et son Dieu ne l'a pas écouté. Mais ce silence est pire qu'un abandon car il est en fait le même que celui auquel se heurtèrent naguère sur le Carmel les prêtres de Baal : « ils invoquèrent le nom de Baal depuis le matin jusqu'à midi en disant : Baal réponds-nous ! Mais il n'y eut ni voix ni réponse » (1 R 18, 26). Et pour Élie ce silence est la preuve de l'inexistence de Baal. Il faut voir comme il s'en moquait : « Criez fort puisqu'il est Dieu ! Il pense à quelque chose, ou

il est occupé, ou il est en voyage. Peut-être qu'il dort ! [...] »
(1 R 18, 27). Si Yahvé est Dieu, alors il trahit et c'est la
déréliction. Mais s'il se tait, c'est peut-être qu'il n'existe pas
plus que Baal, et c'est l'abime.

À vrai dire, d'autres qu'Élie pourraient se faire une
raison, se ranger, composer ou apostasier mais, lui, est-il
dit par deux fois, est un homme qui « brule d'un zèle ardent
pour le Dieu des Armées » et c'est avec la même passion
qu'il va bruler de douleur. Dieu était sa vie : sans Dieu, il
ne peut que mourir.

Peut-être a-t-il eu peur un temps de Jézabel mais ce
n'est qu'une péripétie au regard de la tragédie qu'il affronte
et la question ne se pose même plus de savoir s'il faut
condamner ou absoudre la fuite du prophète. Seul reste en
fait le problème de savoir pourquoi il a choisi une si
étrange manière de se suicider.

En effet, si l'on admet la thèse du suicide, on ne
comprend pas pourquoi Élie ne met pas fin à ses jours sur
place. Quel besoin le poussait d'aller si loin ? Et pourquoi
a-t-il tardé car, enfin, cet impulsif, ce passionné aurait dû
ressentir immédiatement l'impossibilité de survivre à
l'anéantissement de Yahvé. L'atermoiement parait sus-
pect.

C'est ici qu'intervient le genêt : « il s'assit sous un
genêt ». La phrase peut paraitre banale, surtout si l'on sait
que cet arbuste se rencontre fréquemment dans les déserts
de la région [2] ; il est donc normal qu'Élie en trouve et
s'assoie sous l'un d'eux. Ce qui l'est beaucoup moins, c'est

_____

2. Voir par exemple *Encyclopaedia judaica* sous « broombush ». On
trouvera une illustration suggestive de cette plante *(retam roetam)* dans
Grollenberg 1957, p. 53.

que le narrateur éprouve le besoin de le signaler. En effet, le récit d'Élie est tout entier écrit dans un style remarquablement sec : aucun pittoresque, aucune couleur locale, ni arbres, ni animaux, ni couleurs, ni détails descriptifs. Le décor n'est connu que par quelques mots très généraux (« torrent », « désert », « mer », « montagne ») et le seul autre nom de plante mentionné dans le récit, celui de la vigne, n'est retenu que pour définir un type de propriété (la vigne de Nabot). On s'attendrait donc plutôt à trouver chez cet auteur un mot plus vague, par exemple « arbuste » *(śiaḥ)*. On s'attendrait encore plus à ne rien trouver du tout car, après tout, que le prophète se laisse mourir sous un genêt, sous un tamaris ou en plein soleil importe peu ; étant donné les circonstances, il est presque incongru de donner la précision — incongruité d'autant plus surprenante que le style de tout le récit est non seulement sec mais exceptionnellement dense : chaque mot compte.

Mais l'incongruité n'est pas seulement de style mais de situation car, enfin, Élie va se suicider, il touche le fond de la douleur, plus rien ne compte pour lui mais il prendrait quand même la précaution de se mettre à l'ombre ! Et cela lui parait même si important que, par la suite, il en fera état ; car, ne l'oublions pas, si le narrateur sait qu'Élie s'est assis sous un genêt c'est, en dernière analyse, parce que l'intéressé l'a raconté — à moins que ce ne soit une invention de la tradition ou du narrateur lui-même. Quoi qu'il en soit, ce qui est sûr, c'est que cet arbuste a paru important : il n'est pas insignifiant — c'est-à-dire qu'il signifie quelque chose et qu'on aurait tort de n'y voir qu'une fioriture ou un caprice.

Sous un arbuste dans le désert, un être humain abandonné qui souffre et va mourir, c'est l'image que nous avons d'Élie mais, pour tout lecteur de la Bible, c'est aussi l'image d'Ismael que « sa mère Hagar » rejetée par Abraham « laissa sous un des arbrisseaux » pour ne pas le voir mourir (Gn 21, 9-21). Ni Élie ni le narrateur ne pouvaient évidemment l'ignorer puisque cette tradition (que nous connaissons par les documents élohistes et yahvistes) appartient manifestement au fonds culturel le plus populaire. On pourrait penser qu'il s'agit d'une simple coïncidence. La coïncidence devient beaucoup plus troublante si l'on rappelle que l'arbuste sous lequel Ismael se meurt se trouve précisément dans le désert de Beer-Sheba : ce détail est explicitement indiqué en Genèse 21, 14[3]. Mais le parallélisme ne s'arrête pas là : le malheur d'Ismael vient d'une femme puissante, Sara, et le malheur d'Élie vient aussi d'une femme puissante, Jézabel. Jézabel est reine et, en hébreu, *sara* veut dire « reine ». Mais le malheur d'Ismael est surtout dû à l'ambiguïté d'un homme puissant, Abraham, son père ; on sait qu'il l'aime car, lorsque Sara lui demanda de le chasser, il est dit que « cette parole déplut fort à Abraham à cause de son fils » (Gn 21, 11) ; mais il n'utilise pas son pouvoir pour l'aider. De même voit-on que, dans les débuts, Achab, le mari de Jézabel, entretient avec Élie des rapports plutôt cordiaux (1 R 18, 16-46) mais, lorsque sa femme parle, c'est elle qu'il suit, comme Abraham suit Sara : il abandonne Élie comme Abraham abandonne Ismael.

Dans les deux cas, devant l'injustice, de façon scanda-

---

3. Une tradition talmudique rapporte qu'il s'agissait justement d'un *rotam* — c'est-à-dire du même arbuste que celui qui abrita Élie (voir *Gen. Rabba*, 53.13).

leuse, Dieu d'abord se tait ; puis il intervient — dans les deux cas par l'intermédiaire d'un ange qui, dans les deux cas, commence son discours en disant : « Lève-toi » (Gn 21, 17-18). Tant de coïncidences ne peuvent être fortuites et l'on croit entrevoir ce qui a pu se passer : Élie désespéré perçoit à quel point sa situation ressemble à celle d'Ismael. Il sait aussi comment se termine l'histoire de ce dernier : « Dieu entendit la voix de l'enfant ; et l'ange de Dieu appela du ciel Hagar [...] et elle vit un puits d'eau » (Gn 21, 17-19). Or ce que veut Élie c'est que Dieu l'écoute. Que Dieu écoute : en hébreu, cela se dit *yišma'el* — ce qui, bien sûr, signifie aussi Ismael. Tout son être s'identifie à cette supplication : il est Ismael. Devenant un calembour vivant et tragique, il met magiquement ses pas dans ceux d'Ismael et se rend donc dans le désert de Beer-Sheba pour obtenir — peut-être — la même réponse.

Cette conduite magique apparaitra moins insolite si l'on se rappelle qu'Élie est magicien, qu'il vit dans un monde où le mot et la chose s'identifient et où le nom d'une personne représente donc son être profond et son destin [4] et que, de toute façon, c'est un homme à bout de forces et de ressources qui joue son va-tout : en dernier recours, pourquoi pas cela ?

Mais qu'on ne se méprenne pas. Élie n'est pas Hamlet. Son suicide, s'il est bien sûr passionnel chez ce passionné, est avant tout rituel : c'est un sacrifice qui met Dieu en demeure d'exister et d'interrompre le geste scandaleux. C'est un acte réfléchi et en dernière analyse constructif

---

4. On trouve dans la Bible de très nombreux exemples de cette identification ; voir par ex. en Is 8, 3 ou Os 1, 3.6.9.

puisqu'il attend encore une réponse, mais sans illusion et ouvert sur le néant.

D'autre part, pour comprendre ce geste et ce qui suit, il importe de ne pas négliger un détail : nous avons vu que le prophète, terrorisé par Jézabel, s'enfuit et « arriva à Beer-Sheba ». Il est donc passé dans cette ville-oasis avant de s'enfoncer dans le désert pour reproduire le geste d'Ismael. Mais il faut se rappeler que, lorsque Ismael et Hagar se sont égarés dans le désert de Beer-Sheba, ils ne venaient justement pas de Beer-Sheba mais de la région de Guérar, proche de la mer. C'est là que campait Abraham (voir Gn 20) et c'est seulement plus tard qu'il séjournera à Beer-Sheba (voir Gn 21, 31). Cela signifie que ce que veut faire Élie, ce n'est pas refaire pour son compte en une sorte de pèlerinage le trajet exact attribué à Hagar et à Ismael — sinon il aurait fait un crochet par Guérar et non par Beer-Sheba : il veut seulement revivre le moment *critique* du drame d'Ismael et donc se rendre au désert par un itinéraire quelconque dont le détail est indifférent. Mais alors pourquoi préciser le nom de la dernière étape ? Il aurait suffi de dire : « il alla dans le désert [sans son serviteur] etc. »

Puisque, dans ce texte chaque mot compte, on peut penser que la mention de Beer-Sheba n'est pas sans signification dans l'aventure spirituelle d'Élie. Or, Beer-Sheba n'est pas seulement une oasis : il s'y trouve aussi un sanctuaire. En temps normal, on comprendrait qu'un homme comme Élie se rende dans une ville de ce genre mais, dans les circonstances présentes, il se pourrait que sa visite au sanctuaire soit motivée par le désarroi où le plonge le silence de Yahvé. En effet, Beer-Sheba n'est pas n'importe quel lieu sacré, c'est là qu'Abraham invoqua le nom de Yahvé (Gn 21, 33), c'est là que Yahvé apparut à Isaac en disant : « Je suis le Dieu d'Abraham ton père : ne crains rien car je suis avec toi » (Gn 26, 24), c'est là que Dieu parla à Jacob « dans des visions de nuit » (Gn 46, 1-14). C'est donc le lieu sacré commun aux trois pères fondateurs Abraham, Isaac et Jacob, où peut, par excellence, s'établir le dialogue avec le Dieu de Moïse qui se définit lui-même dans l'Exode comme le Dieu d'Abraham, le Dieu d'Isaac et le Dieu de Jacob (Ex 3, 6) — celui-là même dont vient de se réclamer Élie (1 R 18, 36) mais qui est aussi celui qui vient de l'abandonner.

Ainsi, le prophète aurait d'abord essayé de retrouver Dieu au sanctuaire de Beer-Sheba et, s'il en vient à l'interpeler dans le désert sous la forme tragique que l'on sait, c'est qu'il n'a pas reçu de réponse : toute sa religion s'est effondrée. Le triomphateur du Carmel ne croit plus à l'héritage des patriarches. Il n'est pas encore athée puisque sous le genêt il s'adresse à Yahvé (« Yahvé, prends mon âme... ») mais tout l'appareil humain de la foi a disparu ; et, si Élie appelle encore Yahvé, ce n'est plus celui d'Abraham — l'homme qui a trahi Ismael. Yahvé n'est plus que celui qu'appelle un homme seul dans le désert.

Dans ces conditions, ou bien Élie ne reçoit pas de réponse et il se laisse mourir d'inanition, ou bien il en reçoit une mais alors il faut que cette réponse soit proportionnée à son geste : son autosacrifice lui donne en quelque sorte des droits ; il ne peut se contenter d'un vague signe ; puisque toute sa vie a été détruite par le caprice de Dieu il faut que Dieu la reconstruise, ce qui pour Élie signifie que

Dieu doit se définir et définisse ce qu'il attend des hommes. Or, c'est exactement ce que propose la suite du récit (1 R 19, 5-12).

En effet, d'abord est mise en valeur de façon presque cocasse l'extrême exigence d'Élie et cela par deux fois : le prophète, endormi sous le genêt, attend un signe — ou la mort. Or voici qu'un signe lui est donné sous les espèces d'un ange qui lui apporte à manger et à boire (v. 5). Que fait Élie ? Bondit-il de joie, se prosterne-t-il ? Non, il mange, il boit et se recouche. Et pourquoi ? parce qu'il discute — la preuve nous en est donnée par un détail : l'ange apparait deux fois (v. 5 et 7).

Or, la première fois (v. 5) il est dit simplement « un ange [le toucha, etc.] », alors que la seconde fois (v. 7) on trouve « un ange de Yahvé ». Mais il faut prendre garde au fait que le mot hébreu traduit par « ange » *(mal'ak)* ne désigne pas seulement, comme dans les langues occidentales, un éphèbe surnaturel mais aussi un messager *quelconque* : ainsi, quelques versets plus haut, le messager de Jézabel qui annonce à Élie qu'il va être mis à mort est-il qualifié de *mal'ak*. Lorsqu'il est précisé que le *mal'ak* vient de Yahvé, il est clair qu'il s'agit d'un ange mais, dans le verset 5, le doute est permis et ne sera levé que rétrospectivement, lorsqu'on aura pris connaissance du verset 7.

Cette incertitude n'est sans doute pas fortuite. En effet, rappelons-le, Élie est seul — donc seul témoin et, en dernière analyse, seule source d'information de toute la scène — et lorsque le narrateur écrit « un *mal'ak* le touche » ou « le *mal'ak* de Yahvé lui dit », il faut comprendre qu'Élie a dit (à moi-même ou à un autre qui me l'a répété) : « un *mal'ak me* toucha » ou « *me* dit ». Autrement dit, lorsque

Élie choisit de dire dans un cas « le *mal'ak* de Dieu », c'est lui qui laisse entendre qu'il considère cette créature comme un ange mais, lorsqu'il dit seulement *mal'ak,* il donne à entendre que l'origine du visiteur ne lui est pas encore connue : c'est bien un messager et même, étant donné les circonstances, un messager surnaturel ; il pouvait donc venir de Yahvé, certes, mais aussi d'une *autre* puissance surnaturelle.

Yahvé ne s'est donc pas montré assez clair et l'on voit alors le prophète engager une négociation ; puisqu'il y a *peut-être* une preuve de bonne volonté de la part de Yahvé, Élie suspend sa grève de la faim : il mange et boit comme le lui demande l'ange ; mais il se recouche et, s'il ne bouge pas, il mourra quand même d'inanition et le viatique de l'ange n'aura donc permis qu'une prolongation éphémère de sa vie. Autrement dit, il reste sur ces positions : il lui faut donc un autre signe.

Il considèrera que cet autre signe lui est donné lorsque le messager revient : cette fois il le nomme « ange de Yahvé » et non seulement il interrompt le processus suicidaire mais il se met en marche. Passage fort émouvant puisqu'on voit alors un homme retourner à la vie ; retour à la vie et retour à la foi mais à une foi nouvelle car ce qui convainc que le message vient de Yahvé, ce n'est pas sa beauté ou une proclamation sur la grandeur d'Israel, la pérennité de l'Alliance et la perversité de Baal ; ce ne peut être que ce qui fait la différence avec sa première visite : on la perçoit à peine puisque c'est le même ange et qu'il lui dit à nouveau « lève-toi et mange ». Mais elle se situe tout simplement dans le fait que l'ange *revient.* Et cette répétition est plus qu'une confirmation surnaturelle car Élie

pourrait penser que d'autres puissances surnaturelles que
Yahvé sont capables de revenir à la charge ; c'est ce qui est
répété qui compte : lors de la première visite, on lui a
témoigné de la sympathie puisqu'on a voulu le garder en
vie et, à ce titre, l'être qui a fait ce geste a pu être perçu
comme d'origine surnaturelle ; un voyageur secourt un
homme seul mourant dans le désert — c'est un geste de
sympathie louable mais qu'on peut attendre de pratiquement n'importe qui. Mais ici le voyageur ne se contente
pas d'un acte spontané et sans lendemain, il veille au suivi
de cet acte. Il fait plus : non seulement il lui dit « lève-toi
et mange » mais il ajoute « car le chemin est très long pour
toi » — c'est-à-dire qu'il envisage l'avenir de celui qu'il
secourt, il situe Élie dans un projet. C'est plus que de la
sympathie, c'est de la charité au sens le plus total du mot.
Et c'est là qu'est le signe : non seulement la visite surnaturelle n'est pas une coïncidence puisqu'elle est répétée mais,
aux yeux d'Élie, cet acte d'amour transfigure celui qu'il
considérait jusqu'ici comme un simple messager. Il devient
ange, et donc ange de Yahvé et, du fait même, garantit
l'existence de Dieu. Réaction purement intuitive et en fin
de compte arbitraire ; dans l'état de doute méthodique où
il se trouve, Élie pose une évidence à la façon de Descar-
tes : il y a de l'amour, donc Dieu est là.

Mais ce signe, pourtant important, ne suffit encore pas
à Élie car, s'il apprend que Dieu est et comment il peut se
manifester, il ne répond pas à la question originelle : « J'ai
brulé d'un zèle ardent pour Yahvé et il ne m'a pas aidé. »
Si l'amour est signe de Dieu pourquoi s'est-il dérobé ?
Yahvé joue un jeu trouble. On voit alors Élie pousser Dieu
dans ses derniers retranchements : puisqu'on ne sait plus

très bien qui il est et puisqu'il peut trahir, Élie va sommer Dieu de s'expliquer — et avec quelle véhémence.

Cette explication, Élie pourrait la demander sur place, sous son genêt; ou encore en retournant à Beer-Sheba. Mais c'est dans la montagne sacrée de l'Horeb que Yahvé a proclamé avec solennité qui il était et ce qu'il fallait faire pour le servir; c'est donc dans le même lieu qu'Élie décide de se rendre comme s'il se voulait un nouveau Moïse et comme s'il *voulait* un nouveau décalogue et une redéfinition de l'essence divine.

Il apparait alors que ces deux défis qui s'ajoutent à celui de l'autosacrifice aboutissent à la réponse finale que cherche Élie. D'une part, une « définition » de Dieu est donnée, d'abord négative (il n'est ni dans la tempête, ni dans le séisme, ni dans le feu) puis positive : c'est justement la formule *qol demama daqqa* commentée dans le chapitre précédent. Mais il convient d'utiliser le mot « définition » avec précaution car il ne s'agit pas d'une définition verbale mais de l'appréhension directe et concrète de la réalité divine. Dieu dit explicitement ce qu'il n'est pas mais, contrairement à ce qui se passe dans la tradition mosaïque (Ex 3, 14-15), il ne dit pas ce qu'il est : il le laisse connaitre.

D'autre part, une réponse est fournie à la question qui est à la source de la crise : « pourquoi la défection de Yahvé ? » Réponse implicite, bien sûr, et en fait donnée par l'expérience suprême de la nature divine car la notion d'échec ou de succès, la notion même d'Alliance — qui garantit le succès à qui la respecte — est sans intérêt : seul compte *qol demama daqqa*; le reste n'est peut-être pas indifférent mais, de toute façon, Dieu n'y est pas. Si elle demeure implicite, la réponse fait pourtant clairement écho à la protestation d'Élie : son indignation s'exhale avec véhémence puisqu'il l'exprime par une longue période formée de quatre éléments (allusion à la rupture de l'Alliance, à la destruction des autels, au massacre des prophètes et enfin à son propre désespoir). Dieu répond globalement mais il modèle son intervention sur celle d'Élie puisqu'elle aussi comporte quatre temps : tempête, séisme, feu, silence, et que ces quatre temps sont agencés comme chez Élie ; en effet, le dernier temps — celui du silence — s'oppose, nous l'avons vu, au fracas des trois premiers. Chez Élie, le dernier temps ne concerne qu'un individu face à son néant alors que les trois premiers se rapportaient à des mouvements de foule tumultueux.

Quant à la troisième exigence que pouvait supposer la montée à l'Horeb, c'est-à-dire la promulgation d'un nouveau décalogue, la réponse est éloquente : c'est le silence — en contraste évident avec l'énumération détaillée des interdictions et des obligations du mosaïsme. Un silence qui renvoie lui aussi à l'expérience suprême ; elle seule compte — sous-entendu, sans doute : tout ce qui peut la favoriser mérite d'être pris en considération. Nous verrons plus loin qu'on peut apporter quelques précisions.

Les versets 11 et 12 sont donc la culmination d'un mouvement annoncé en 5-10, l'ensemble des deux constituant la réponse précise au problème posé en 1-4. Autrement dit, les douze premiers versets du chapitre 19 forment un bloc homogène dont on ne peut écarter aucun élément. Élie s'estimant trahi par Dieu traverse une crise mystique qui aboutit à une nouvelle conception de Dieu : ce n'est plus le Dieu d'Abraham, d'Isaac, de Jacob et de

Moïse ; l'Alliance est rompue ou plutôt elle est niée. Yahvé garde son nom mais il change de contenu.

Au départ, il fallait se demander si les versets 11 et 12 étaient adventices. Mais à présent la question se pose à propos de toute la moitié d'un chapitre — c'est-à-dire un ensemble assez considérable pour qu'on puisse l'étudier comme une œuvre en soi et se demander ensuite pourquoi il a été inclus dans le récit d'Élie. Mais auparavant il importe encore de signaler que ce demi-chapitre antimosaïque n'est pas sans écho dans deux passages importants du récit : l'ensemble formé par 1 Rois 17 et 18 d'une part, et le final (2 R 2) d'autre part. Cela nous engage dans la troisième phase de l'engrenage.

Troisième phase : QUATRE CHAPITRES

LE FINALE (2 R 2)

Aussi bien pour Moïse que pour Élie, l'épisode de l'Horeb s'inscrit dans un itinéraire d'hommes de Dieu qui s'achève avec leur mort. Or, Moïse meurt dans l'échec. En effet, alors que toute sa vie a été commandée par le souci de l'implantation dans le pays de Canaan, lui, le chef, l'instigateur de l'entreprise, son maitre d'œuvre, sera privé de la récompense suprême ; il n'entrera pas dans la Terre promise et mourra, face à elle, sur le mont Nébo (Dt 34, 4). Au contraire, la carrière d'Élie se termine dans la gloire et la gloire la plus insigne puisqu'il ne meurt pas, il est enlevé aux cieux. Aucun autre mortel, sinon le mystérieux Énoch (Gen 5, 24), n'a bénéficié d'une telle faveur dans l'Ancien Testament.

Étant donné que précédemment Élie et Moïse ont été mis en parallèle, la mésaventure de Moïse ne peut pas ne pas apparaitre comme un échec et l'apothéose d'Élie comme une victoire. En fait, on ne peut pas proclamer de façon plus éclatante que la voie d'Élie est supérieure à celle de Moïse.

D'autre part, on n'a peut-être pas assez prêté attention au lieu où se situe l'apothéose d'Élie. Dans le chapitre 2 (2 R), il apparait que c'est au moment où il venait de traverser le Jourdain en arrivant de Jéricho, c'est-à-dire très exactement au pied du mont Nébo — lieu même où Moïse a connu l'échec final de son itinéraire. Or, nous avons vu qu'Élie est un homme de défi ; il a défié Jézabel et Baal, il a défié la mort, il a défié Dieu lui-même et en osant s'identifier à Moïse sur l'Horeb il a défié Moïse. Comment ne pas voir dans cette descente de Jéricho au Jourdain, face au mont Nébo, justement, un nouveau défi — et un défi dont Élie sortira vainqueur par l'élévation ?

On retrouve donc dans tout ce chapitre la même confrontation entre Élie et Moïse que dans le chapitre 19. Mais celle de l'Horeb-Sinaï n'étant pas finale, l'issue demeurait ouverte tandis que celle du Jourdain donne sans appel la victoire à Élie. Cela signifie donc que le chapitre 2 (2 R) relève en fin de compte de la même inspiration que les versets 1 à 12 du chapitre 19 (1 R) et ne peut donc en être dissocié.

LES CHAPITRES 17 ET 18 (1 R)

On perçoit entre ces deux chapitres et le chapitre 19 une unité narrative, psychologique et idéologique :

Unité narrative

Globalement, ils ne contredisent en rien l'ensemble 19, 1-12 puisqu'ils traitent de la première période d'Élie — celle du combat triomphal contre Baal. Ils appartiennent donc à l'époque où Élie obtenait de Yahvé un appui total, où l'Alliance fonctionnait parfaitement : Élie était droit et sa droiture engageait Yahvé. Puisque le passage 19, 1-12 nous apprend que la spiritualité d'Élie se transforme, tout ce qui, avant, concerne l'état antérieur de sa spiritualité appartient de plein droit à la progression du récit. En outre, pour comprendre à quel point Élie pouvait s'estimer trahi, se résoudre au suicide et finalement se métamorphoser, il était même indispensable qu'un exposé préliminaire fasse percevoir l'intensité de sa foi. Les chapitres 17 et 18 sont donc les antécédents logiques et nécessaires à l'ensemble 19, 1-12.

Unité psychologique

Certes, sur l'Horeb Élie est un homme seul, immobile, réceptif ; ce n'est plus l'homme public du Carmel, le chef actif, véhément, impitoyable. Son Dieu et sa vie ont changé. Mais, viscéralement, c'est encore le même homme ; celui qui se lance dans le désert à corps perdu (au sens littéral : puisqu'il va jusqu'au suicide), celui qui ne craint pas d'aborder le territoire sacré de l'Horeb, celui qui ose pousser Dieu dans ses derniers retranchements, c'est bien le même que celui qui décrète la famine sur tout le pays, qui affronte le roi, qui défie les prophètes de Baal et qui, vainqueur, « court devant Achab jusqu'à l'entrée de Jizréel » : c'est un fonceur. Lorsqu'il était le missionnaire fanatique du mosaïsme, il « brulait d'un zèle ardent » mais si, sur l'Horeb, cette ardeur n'est plus exubérante, elle ne s'est pas éteinte : elle s'est muée en concentration.

Unité idéologique

Dans ces deux chapitres, Élie apparait dans toute sa puissance puisqu'on le voit provoquer une sècheresse qui durera trois ans (18, 1), multiplier la farine et l'huile chez la veuve de Sarepta, guérir un enfant mourant et enfin confondre les prophètes de Baal et faire revenir la pluie : le palmarès est impressionnant. On ne peut donc manquer d'envisager ces deux chapitres comme un vigoureux panégyrique du prophète Élie et, par contrecoup, de son engagement mosaïque. Du moins à première lecture ; mais regardons de plus près.

Élie solennellement décrète la sècheresse et proclame : « il n'y aura ces années-ci ni rosée ni pluie, sinon à ma parole ! » (17, 1) Et de fait, la sècheresse règne, tandis qu'Élie vit caché près du torrent de Kerith où il peut se désaltérer ; Dieu assure sa subsistance en pain et en viande (voir 17, 2-6). Mais le narrateur ajoute que la sècheresse

régnait même si fort que, bientôt, le torrent fut à sec, car
« il n'était point tombé de pluie dans le pays » (17, 7). Et
Dieu est obligé d'intervenir pour maintenir son serviteur en
vie (17, 8).

Autant dire qu'Élie a joué les apprentis sorciers puisqu'il est victime de sa propre machination : on est donc
porté à sourire du grand homme comme on le fait de tout
arroseur arrosé. Or, ce sourire, le narrateur pouvait ne
pas le déclencher, tout simplement en omettant le verset 7 qui, notons-le bien, n'apporte aucune information
indispensable à la compréhension du contexte ; certes,
Élie parait avoir été envoyé à Sarepta à la suite de cette
mésaventure mais il suffit de relire le passage en mettant
le verset 7 entre parenthèses pour voir que l'ensemble
resterait parfaitement cohérent. Si donc le narrateur avait
voulu ne faire qu'un éloge inconditionnel du prophète, il
aurait pu en faire l'économie. Le verset 7 est un coup de
griffe délibéré.

Dieu expédie donc Élie à Sarepta chez une veuve
manifestement pauvre puisqu'elle dit : « je n'ai qu'une
poignée de farine dans un pot et un peu d'huile dans une
cruche [...]. Je vais préparer cela pour moi et pour mon
fils ; nous mangerons après quoi nous mourrons » (17, 12).
Élie lui demande à manger, elle le nourrit et — miracle —
« la farine qui était dans le pot ne manqua point et l'huile
qui était dans la cruche ne diminua point » sur l'intervention de l'homme de Dieu.

Ce récit fait partie du panégyrique d'Élie puisque ses
pouvoirs surnaturels et sa parfaite intimité avec Dieu,
source de ce pouvoir, sont affirmés sans réticence. Et
pourtant observons bien la mise en scène du miracle : elle

fait intervenir un second personnage, la veuve. Or, tout artiste qui veut faire paraître un héros à son avantage utilise les autres personnages comme faire-valoir. On s'attend donc à voir le projecteur braqué sur le prophète, la veuve ne servant guère qu'à rehausser sa gloire. Eh bien, curieusement, c'est l'inverse qui se produit : d'abord, on voit préciser que la veuve ramassait du bois (17, 10), information reprise plus loin (« je vais ramasser deux morceaux de bois » : 17, 22) ; ce détail ne présente absolument aucun intérêt pour le récit mais il entraîne une conséquence : il fait concret, vécu, il donne de la présence à la veuve. En l'introduisant le narrateur fait donc passer le faisceau du projecteur sur elle ; on fait attention à elle et cela d'autant plus que le prophète, lui, ne bénéficie pas d'un égard identique : on ne décrit ni sa personne, ni ses faits et gestes ; on sait qu'il est là et c'est tout.

Puis, deuxième coup de projecteur : Élie demande à boire, la veuve lui apporte de l'eau (17, 10) ; il demande alors du pain et la femme hésite ; elle répond qu'il ne lui reste qu'un peu de pain et d'huile pour tenir une journée elle et son fils, « après quoi nous mourrons ». Elle ne rejette pas Élie mais, comme il la met dans une situation impossible, elle se justifie et sa justification est fort convaincante ; en effet, elle ne sait pas qui est Élie ni quels sont ses pouvoirs. Certes, il lui promet bien que la farine et l'huile ne manqueront pas si elle le nourrit mais, *a priori,* elle n'a évidemment aucune raison de lui faire confiance. Pour elle, qui est phénicienne, il n'est qu'un étranger, probablement hirsute, et ce n'est que, bien *plus tard,* à la fin du chapitre 17, lorsque Élie aura guéri son fils, qu'elle verra en lui un homme de Dieu et que « la parole de l'Éternel dans sa bouche est vérité » (17, 24). En formulant sa justification, le narrateur nous invite à écouter la veuve mais, la présentant comme convaincante, il nous amène, en outre, à nous mettre à la place de cette femme, à suivre et comprendre ses réactions et à l'approuver. Grâce à ce tour de passe-passe littéraire, nous ne sommes plus avec Élie mais avec la veuve ; elle lui ravit la vedette et, lui, passe au second plan.

Troisième coup de projecteur : l'hésitation de la veuve crée un suspense. Étant donné les circonstances, il serait évidemment pardonnable qu'elle refuse ; ce serait même naturel car, charité pour charité, autant laisser le dernier morceau de pain à son fils plutôt qu'à un inconnu. Mais puisque nous nous demandons ce qu'elle va faire, c'est encore à elle que nous prêtons attention et non pas à Élie. Enfin et surtout, lorsqu'elle accède à la demande d'Élie, elle fait précisément ce qui est inattendu ; ni par intérêt ni par crainte, mais par charité pure. Par l'effet d'une petite phrase très simple cette femme se met à resplendir : « elle alla et elle fit selon la parole d'Élie » (17, 15). Si dans cet épisode il y a un miracle, il est là et non dans les prodiges d'Élie car, après un tel geste, il n'a plus qu'une alternative : ou disparaître ou faire quelque chose ; c'est-à-dire que le miracle de la multiplication de nourriture se subordonne au miracle réalisé par la veuve et perd en fin de compte de son intérêt : l'essentiel est ailleurs. C'est elle l'héroïne, Élie devient comparse.

Sur ces entrefaites, le fils de la veuve tombe très gravement malade. Étant donné la façon merveilleuse dont Élie a été reçu par cette femme, et qu'il est doué de grands pouvoirs, on s'attendrait à le voir se précipiter spontanément pour en faire usage : la simple politesse le commande autant que la charité. Et c'est bien ce qui va se produire, certes (17, 19-23), mais une petite phrase gâche tout : c'est celle que prononce la veuve au verset 18 alors qu'on vient d'apprendre la triste nouvelle : « Qu'y a-t-il entre moi et toi, homme de Dieu ? Es-tu venu chez moi pour rappeler le souvenir de mon iniquité et pour faire mourir mon fils ? » Bien sûr, on est immédiatement rassuré et l'on voit Élie faire le nécessaire mais la phrase de la veuve, par le fait même qu'elle se trouve entre l'annonce que l'enfant est mourant et la réaction d'Élie, démontre qu'il réagit à la phrase et non à la situation et donne l'impression que si la mère n'avait rien dit il aurait pu ne rien faire ; sa réaction n'a été ni rapide ni spontanée : il aurait donc fallu que la mère n'ait même pas eu le temps de prononcer cette phrase. Sans ce verset, la gloire du magicien eût été parfaite. Sa présence fait d'Élie un malappris et peut-être un indifférent.

Il est vrai que toutes ces petites perfidies se trouvent effacées par le triomphe du Carmel et la somptueuse mise en scène qui lui est consacrée : Élie se fait d'abord annoncer par le ministre d'Achab, puis c'est le dialogue avec le roi lui-même, enfin la scène est remplie par toute la foule du peuple d'Israel et c'est alors, après cette progression en trois temps, que le prophète s'impose, en trois autres temps : d'abord les prophètes de Baal échouent piteusement, puis Yahvé donne la victoire à Élie devant le roi et les enfants d'Israel subjugués, enfin il suscite l'orage qui interrompt la sécheresse et la famine. Et, en apothéose, cette image étonnante : « Achab monta sur son char et partit pour Jizréel. Et la main de Yahvé fut sur Élie qui se ceignit les reins et courut devant Achab jusqu'à l'entrée de Jizréel. »

Mais, alors que le lecteur s'enchante de la consécration du Héros du Bien, alors qu'il vient de rire de bon cœur — c'est peut-être bien le seul passage comique de la Bible — des invectives d'Élie aux prophètes de Baal, voilà que tout s'effondre : Achab rapporte à Jézabel tout ce qu'avait fait Élie (19, 1), Jézabel envoie un messager à ce dernier pour lui dire qu'elle fait serment de le tuer le lendemain (19, 2). Que va faire le héros ? Comment va-t-il châtier la mécréante ? « Élie voyant cela se leva et s'en alla, pour sauver sa vie » (19, 3). Rien de plus : après quarante versets consacrés à la gloire d'Élie, une chute en trois courts versets où il n'est rien dit d'autre que : Jézabel menace, donc Élie se sauve. Sans commentaire, sans justification ; nous ne savons même pas ce qui s'est passé (ce n'est que bien plus loin en 19, 10 que seront fournis quelques éléments d'information — encore restent-ils très parcimonieux). De sorte que, si l'on se laisse porter par le texte sans se laisser prévenir par des présupposés apologétiques, on ne peut attribuer la fuite d'Élie qu'au seul message de Jézabel : il suffit que cette femme paraisse et dise un seul mot pour que le héros s'écroule. Par là, même tous les hauts faits d'Élie ne servent plus qu'à rehausser la puissance de la reine puisqu'elle est encore plus forte que lui, et cela, d'autant plus que, pour elle, il n'est pas besoin de toute la mise en scène qu'il faut à Élie pour s'imposer. Il lui suffit de se montrer. En un verset (et justement parce qu'il n'y a qu'un verset), toute la gloire d'Élie est balayée. Nous avons là un effet comique : Élie fait l'effet d'un gamin qui fanfaronne devant ses camarades mais qui file doux dès que sa mère paraît. Et du coup la scène grandiose du Carmel n'est plus qu'une mascarade. Comme dans l'épisode de Sarepta, Élie est surpassé par une femme. Mais alors qu'à Sarepta il perdait seulement la vedette, ici il perd la face.

Il aurait pu en être autrement si le narrateur avait veillé à expliquer la revanche inattendue de Jézabel et si possible à justifier la déconfiture d'Élie (par exemple en faisant état d'une traitrise, etc.). Par son silence il CHOISIT donc de déconsidérer le héros et encore plus vigoureusement que dans les épisodes précédents car, jusqu'ici, le thaumaturge conservait la maitrise des événements et la petite phrase assassine ou le déplacement du projecteur restaient des coups de patte sans gravité. Dans ce passage final, qui est aussi le plus important, la défaite d'Élie est totale.

Cependant, cette interprétation laisse un malaise : si on l'admet, on reconnait aussi que le narrateur met en scène non seulement le triomphe de Jézabel mais aussi celui du baalisme. Autrement dit, il faudrait aussi conclure que ce texte est une satire du mosaïsme au profit du baalisme, ce qui serait quand même une gageüre ! Ce serait compter sans le grand talent de l'auteur.

En effet, nous avons déjà vu qu'il savait manier l'humour au second degré puisqu'en rapportant les invectives ironiques d'Élie aux prêtres de Baal, il réussit à faire rire *avec* Élie aux dépens du baalisme au moment même où il sait qu'il va mettre en scène le triomphe de Baal sur Élie. Mais il fait mieux car, lorsque nous serions portés à rire d'Élie avec Jézabel, il réussit à glacer le rire parce qu'une donnée empêche d'éprouver de la considération pour Jézabel : non pas les grands principes du mosaïsme qui, lui, est déconfit autant que son porte-parole mais, au contraire, un personnage dont l'existence a justement déjà permis de sourire d'Élie : la veuve de Sarepta. C'est avec Jézabel la seule femme de ce récit où évoluent tant d'hommes (neuf nommément désignés plus les quatre cent cinquante prêtres de Baal, les cent cinquante miliciens et les « fils de prophètes » dont on sait qu'ils sont au moins cinquante ; les anges n'ont pas été décomptés). Par contraste avec eux, on est donc spontanément amené à classer ces deux femmes ensemble et par là même à les comparer, d'autant plus qu'on sait qu'elles sont toutes les deux *phéniciennes* et qu'elles l'emportent l'une et l'autre en prestige sur Élie. On s'aperçoit alors que l'une est l'exact contraire de l'autre : Jézabel est reine, la veuve est pauvre ; Jézabel est cynique (voir l'épisode de la vigne de Nabot), la veuve est charitable. Et peut-être surtout, la veuve est montrée comme une mère qui veut que son enfant soit sauvé ; la reine est sectatrice de Baal, ce qui en filigrane la définit comme favorable aux sacrifices d'enfants. Un tel contraste ne peut être que voulu.

La balance penche à l'évidence en faveur de la veuve. Or, son image rayonnante a été produite *avant* celle de Jézabel de sorte que lorsque celle-ci entre en scène tout son prestige est *a priori* sapé par celui de sa compatriote et elle a beau avoir vaincu le redoutable Élie, elle fait piètre figure devant la bonne Phénicienne. Ainsi, au moment où l'on sourit du piteux prophète et où l'on est tenté de dire à Jézabel « Bien joué ! », le narrateur fait trébucher la nouvelle héroïne : la tension est désamorcée, la détente est acquise. Ce jeu de tension-détente est le fondement même du rire et il est rendu possible par la veuve qui renvoie dos à dos ces deux personnages glorieux et agités que sont Élie et Jézabel. Nous avions reconnu de l'humour au deuxième degré ; ici, c'est de l'humour au troisième degré.

Si donc une lecture superficielle des chapitres 17 et 18 peut donner l'impression que le narrateur veut glorifier le grand homme, un examen plus approfondi révèle une volonté de dérision. Bien sûr, il ne s'agit pas d'une farce, les procédés sont si subtils — une phrase, un éclairage, un silence — qu'ils peuvent presque passer inaperçus, mais ils sont là et il faut bel et bien parler d'une *volonté* de dérision car ces effets comiques ne peuvent être fortuits : tout le monde s'accorde à considérer le narrateur de ces deux chapitres comme un conteur de grand talent et l'auteur a trop le sens du détail pour qu'on puisse imaginer qu'il ait pu, s'il avait voulu provoquer l'admiration absolue, laisser passer le moindre élément contraire à son dessein.

Cela signifierait que le personnage qu'il a mis en scène ne doit pas être pris vraiment au sérieux, ni lui, ni son triomphe, ni surtout sa doctrine. Or, Élie est un thauma-turge, il est mosaïste, il est actif, et il réussit — au moins dans les débuts. C'est donc cet ensemble qui est condamné par l'humour du narrateur ; condamnation conforme à l'esprit de l'Horeb car c'est en fin de compte l'échec qui a conduit à l'illumination, dans le silence, sans mise en scène et sans miracles, loin de la doctrine de Moïse.

On voit donc que les chapitres 17 et 18 constituent non seulement l'antécédent logique de la première moitié du chapitre 19 mais sont aussi imprégnés du même type d'idéologie antimosaïque. Comme, d'autre part, ils trou-vent leur conclusion de façon cohérente dans le passage final du récit (2 R 2) on est amené à considérer cet ensemble comme un tout. Mais alors il faut se demander ce qu'il en est du reste du récit : pourquoi a-t-il été jusqu'ici écarté de l'examen ? N'est-ce pas lui qui en définitive serait une pièce rapportée ?

Quatrième phase : UN LIVRE SUBVERSIF

On serait effectivement tenté d'envisager ce reste, c'est-à-dire la fin du chapitre 19 (1 R), le chapitre 21 (1 R) et le chapitre 2^5 (2 R), comme étrangers à l'ensemble anticonformiste défini précédemment car on y retrouve toute l'idéologie conventionnelle : Dieu parle, Dieu ordonne, Dieu punit ; la guerre contre le baalisme reprend ; l'Alliance est maintenue au moins avec « ceux qui n'ont point fléchi les genoux devant Baal et dont la bouche ne l'a point baisé » (19, 18) ; Élie est redevenu homme d'action chargé de nouer des alliances avec des rois et de s'adjoindre un lieutenant, Élisée, dont le rôle politique sera important. Aucune trace d'humour ne tempère ce mosaïsme bon teint : l'esprit de l'Horeb parait s'être estompé.

Faut-il donc supposer un amalgame de deux traditions différentes relatives à Élie (comparable par exemple — *mutatis mutandis* — aux juxtapositions des traditions yahvistes et élohistes) ? On serait d'autant plus fondé à l'admettre que le chapitre 19 comporte, nous l'avons vu, une grave gaucherie : la répétition mot pour mot du dialogue : « Que

_____

5. Rappelons que 1 R 20 et 1 R 22 n'appartiennent pas à proprement parler au cycle d'Élie.

fais-tu ici Élie ? »/« J'ai déployé mon zèle pour l'Éternel,
etc. »

Cette curiosité a été mentionnée plus haut lorsque nous
examinions si les versets relatifs à la théophanie n'avaient
pas été interpolés. La réponse était négative mais, du
coup, le problème de cette étrange répétition demeure
entier. Tous les critiques, rappelons-le, concluent à une
interpolation. Mais est-ce si sûr ? Il ne faut recourir à la
chirurgie corrective qu'en désespoir de cause, d'autant plus
que nous avons observé que le narrateur, styliste de res-
source, ne parle pas pour ne rien dire : il se pourrait donc
que la répétition du dialogue entre Dieu et Élie ne soit pas
sans signification.

Reprenons le texte au moment où Dieu pose la question
pour la première fois (19, 9) : Élie se rend sur l'Horeb pour
savoir définitivement qui est Dieu et ce qu'il veut — démarche insolente non seulement par son insistance mais parce
que le lieu où il va est sacré : « c'est une terre sainte »,
rappelle Dieu à Moïse en lui enjoignant de ne pas s'approcher et de retirer ses sandales (Ex 3, 5). Et encore : « Le
peuple ne pourra pas monter sur la montagne du Sinaï car
tu en as fait la défense expresse, en disant : fixe des limites
autour de la montagne et sanctifie-la » (Ex 19, 23). Naturellement quiconque transgresse ces limites risque la mort
(voir Ex 19, 21.22.24).

Dans ces conditions, lorsque Élie aborde le territoire
sacré, on comprend qu'il soit en quelque sorte contrôlé
— non par Dieu lui-même bien sûr, mais par un délégué
jouant le rôle de gardien du seuil — et que lui soit posée
la question : « Que fais-tu ici ? » (littéralement : « Qu'y
a-t-il pour toi ici ? » — bien rendu par Gray (1977), par

exemple, par « *What is your business here?* »), c'est-à-dire : « Qu'y a-t-il pour toi, profane ; ici, en territoire sacré ? » — sous-entendu : « Es-tu en état d'aborder le sacré, t'es-tu rendu assez sacré pour toucher le sol sacré ? » De la même façon dans les récits mystiques du monde entier on voit des héros se heurter à un être surnaturel, ange, dragon, serpent, etc., lorsqu'ils pénètrent sur un territoire sacré [6].

La réponse fuse avec la véhémence que l'on sait — une véhémence qui exprime l'indignation et qui sous-entend : « j'en ai été réduit au suicide ». Or, la suite prouve que la réponse est agréée puisque Élie accède à la révélation suprême : son état est jugé tel qu'il n'est pas rejeté du territoire sacré. Et l'on comprend pourquoi : cet état est d'abord caractérisé par une indignation sacrée — une sainte colère — et une soif de connaitre la Vérité suprême ; mais surtout, en se mettant dans la situation d'Ismael, Élie a mis sa vie en jeu, il s'est proposé en sacrifice et par là même est devenu sacré ; d'emblée l'Horeb lui est donc ouvert et il ne lui reste plus alors qu'à franchir l'ultime étape de l'itinéraire spirituel, la révélation de Dieu.

Nous avons vu qu'il y aboutira, précisément en découvrant le silence. Nous avons signalé aussi que, contrairement à la contemplation mosaïque, la contemplation élianique est caractérisée par une forme aigüe d'attention où sujet et objet sont fondus dans le silence, au-delà de tout. Cette extase étant l'aboutissement du cheminement mystique, l'histoire d'Élie devrait s'arrêter là, tout le reste devenant subalterne. Or, Élie commet, si l'on ose dire, une

---

6. Voir Eliade 1970, p. 320.

erreur : alors qu'il vient de se mettre en phase avec le *qol demama daqqa,* il est dit : « Lorsque Élie l'entendit, il s'enveloppa le visage de son manteau [...]. » Or ce geste de crainte respectueuse, nous le connaissons : c'est celui que fit aussi Moïse face au buisson ardent, « car il craignait de regarder Dieu » (Ex 3, 6). On voit ce qui s'est passé : pour qu'on puisse dire « il entendit », « il enveloppa », il faut qu'il y ait un *sujet* pour entendre et pour regarder (en fait pour craindre de regarder) et un *objet* à entendre et à regarder. Autrement dit, le régime d'attention caractéristique de l'état suprême a été rompu : le sujet et l'objet ne sont plus fondus, la conscience discriminative est reparue. Élie est sorti de l'extase — comme Psyché lorsqu'elle a voulu *voir* Éros.

Cette rupture psychologique est remarquablement mise en valeur par deux détails formels.

En hébreu, toutes les phrases du chapitre 19 sont des phrases verbales sauf précisément celles des versets 11 et 12 qui décrivent la hiérophanie et la théophanie et qui sont ce qu'on nomme des phrases nominales (à savoir des phrases dont le prédicat n'est pas un verbe). Or, les phrases verbales envisagent une action dans son déroulement, que ce soit dans la perspective du temps ou celle de l'aspect ou des deux. Au contraire, les phrases nominales renvoient à une réalité dont l'évolution n'est pas envisagée[7]. Cette différenciation pourrait bien signifier que dans les versets 11 et 12 la réalité est considérée dans une autre

---

7. Voir la phrase latine bien connue *dura lex* qui est aussi une phrase nominale et qui signifie que la loi est dure sans référence au temps, dans l'éternité ; sa dureté n'est soumise à aucune contingence. Pour tout cela, voir Cohen 1984, p. 298 s.

perspective que dans tout le reste du texte : on quitte le monde de l'instable pour accéder au monde de l'éternel. Les phrases verbales renvoient à la réalité historique, au vécu quotidien ; les phrases nominales à l'expression de la vision, c'est-à-dire une forme de réalité située hors du temps banal ou, comme dirait Mircea Eliade, *in illo tempore*. Or, au contraire, dans le verset qui suit — c'est-à-dire celui qui nous intéresse et qui exprime un changement de nature de l'expérience mystique — l'usage de la phrase nominale est abandonné au profit de la phrase verbale *(vayyehi, vayyalet, vayyese)* comme si l'on voulait souligner le changement de dimension : la rupture grammaticale correspond à la rupture psychologique.

Second détail : il est apparu plus haut que, dans les phrases relatives aux manifestations sacrées (v. 11-12), le sujet n'est plus ni Élie ni Dieu ; elles sont de type impersonnel, et littéralement signifient donc : « il y a de la tempête..., du séisme..., du feu..., du silence... » Au contraire, les phrases précédant ce passage ont pour sujet Élie et Dieu. Celles-ci correspondent à un état de conscience discriminatoire (donc avec sujet et objet), celles-là à un état extatique. Or, au verset 13 les phrases ont de nouveau Élie pour sujet : ici encore l'agencement grammatical fait écho à l'état psychologique — l'éloignement de Dieu par la réapparition du sujet.

Ainsi, paradoxalement, c'est son acte d'adoration qui écarte Élie de Dieu parce que l'adoration suppose un sujet Élie face à un objet Dieu[8]. Il se retrouve donc à la case départ, homme profane en territoire sacré. Certes, il est

---

8. Voir la mise en garde du mystique hésychaste Évagre le Pontique : « Ne te figure pas la divinité en toi lorsque tu pries, ni ne laisse ton intelligence accepter l'empreinte d'une forme quelconque ; tiens-toi en immatériel devant l'Immatériel et tu comprendras » (Philocalie, p. 42).

toujours sacralisé et donc protégé par son sacrifice mais il ne se confond plus avec Dieu car Dieu n'est plus vécu dans le silence mais perçu comme voix. Et puisque Élie est profane et l'Horeb sacré, il est normal que la voix du gardien du seuil l'interroge comme elle l'avait fait au verset 10 : en touchant le sacré, le profane déclenche en quelque sorte mécaniquement un signal d'alarme. Ainsi se trouve justifiée la répétition de la question : « Qu'y a-t-il pour toi ici, Élie ? » Il ne convient donc pas de la considérer comme étrangère au texte, pas plus que la réponse qu'elle appelle. Toutefois on peut se demander pourquoi cette réponse d'Élie est MOT POUR MOT la même que celle qu'il avait fournie à la première interrogation (« Je brule, etc. ») et aussi pourquoi la question et la réponse se sont exprimées *très exactement* dans les mêmes termes qu'au verset 10. Du point de vue littéraire, cette identité parait bien maladroite et il aurait été sans doute plus élégant et plus digne d'introduire une variation du genre : « Béni soit Yahvé, etc. » Pourtant, puisqu'on s'accorde à tenir le narrateur pour un styliste de talent, plutôt que de chapitrer le maitre, mieux vaudrait chercher à comprendre ce que cache sa prétendue maladresse car s'il voulait varier l'expression, il le pouvait et s'il a pratiqué la répétition, c'est qu'il l'a voulu.

Or, la répétition provient d'une voix surnaturelle qui, en dernière analyse, émane de Dieu. Elle est donc un scandale, car elle le transforme en une entité mécanique, et par là même insensible, en un fonctionnaire stupide et sans cœur qui vérifierait l'identité de son meilleur ami. Qu'un dieu soit envisagé comme stupide et cruel — c'est monnaie courante dans le panthéon de l'humanité. Ce qui choque davantage, c'est que cette conception de Dieu ne cadre pas avec le reste du récit car non seulement Dieu s'est laissé aborder auparavant mais, par la suite, il va aider Élie et finalement lui accorder la récompense suprême. En outre, Dieu est constamment envisagé comme vivant et même plus vivant que tous les vivants : le contraire même d'une mécanique.

Vivant, mécanique : la clé de l'énigme se trouve sans doute dans ces mots. La répétition plaque du mécanique sur du vivant ; or, Bergson nous l'a appris : le mécanique plaqué sur le vivant déclenche le rire. À la condition, toutefois, que l'intégrité du vivant ne soit pas mise en cause : le bégaiement n'amuse pas chez les bègues, il fait sourire lorsqu'il n'est qu'occasionnel. Et, bien sûr, ici, l'intégrité de Dieu (ou de son émanation) n'est pas mise en cause. De sorte que la répétition de la question à Élie constitue un procédé comique ; si la question était reprise trois fois, on aboutirait à la farce ; la simple répétition ne fait que provoquer l'ébauche d'un sourire.

Mais si Dieu fait semblant de ne pas connaitre Élie, il joue au fonctionnaire stupide, il plaque le mécanique *sur lui-même*. Et alors, nouveau scandale : Dieu pourrait être drôle ! Est-ce bien convaincant ?

Rappelons d'abord que, puisque nul ne se formalise de voir Dieu lyriquement sentimental ou écumant de colère, rien n'oblige à corseter son Infinité dans le sérieux. Anthropomorphisme pour anthropomorphisme, pourquoi Dieu ne pourrait-il avoir le sens de l'humour ? Nous verrons plus loin que cela n'est pas seulement une pirouette. D'autre part, le narrateur a déjà montré qu'il savait sourire soit en rapportant les *lazzi* d'Élie aux prêtres de

Baal, soit en se moquant en pince-sans-rire du prophète lui-même : le ton est en quelque sorte donné.

Enfin, l'ensemble de l'épisode est traversé par un esprit de comique discret : Élie mourant reçoit le signe qu'il attend (l'ange) mais sa réaction, nous l'avons vu, est de demander plus et encore plus ; il fait comme s'il était en position de force malgré sa faiblesse, comme dans ces histoires d'Écossais qui au moment même où ils agonisent trouvent le moyen de penser à faire des économies. Mais il y a plus : devant ce qu'on ne peut guère nommer autrement que le « culot » d'Élie, comment Dieu réagit-il ? Premier temps — nous éprouvons de l'inquiétude : Lui, le Sérieux, le Tout-Puissant va-t-il l'écraser ? Deuxième temps — détente : non il ne l'écrase pas, il l'accueille, comme s'il percevait tout le sel du contraste. La situation est assez comparable, par exemple, à la scène où l'empereur, d'abord interloqué par l'audace mal léchée du jeune Mozart, prend le parti de sourire et d'accorder son aide (voir le film *Amadeus* de Miloš Forman). Autrement dit, Dieu a fait preuve d'humour.

Dans ces conditions, la thèse de la réponse humoristique devient crédible : Élie a commis une erreur de parcours ; la question lui rappelle qu'il est profane en territoire sacré — crime passible de mort — mais le ton humoristique signale la bienveillance de Dieu : ainsi une possibilité de rattrapage se dessine et nous savons qu'elle s'actualisera.

Dès lors, la forme de la réponse d'Élie s'interprète aisément : il perçoit l'humour de la situation et la bienveillance divine ; du coup, mis en confiance, il répond du tac au tac d'un air de dire : « Tu te moques — gentiment — de moi en me posant la même question, je me moque

— gentiment — de toi en te donnant la même réponse. »
Bien entendu, alors qu'il faut imaginer la première réponse
articulée d'une voix indignée et véhémente, la seconde doit
être sans doute énoncée d'un ton enjoué : une connivence
s'est établie entre les deux interlocuteurs. Mais Élie fait
coup double — car il en profite pour rappeler sa situation
comme s'il disait : « J'ai commis un faux pas, soit ; mais,
à présent, je me retrouve avec mes ennuis ; aide-moi ! » Ici
encore le comique réapparait avec l'impertinence du
prophète à laquelle s'ajoute l'habileté du marchand de
tapis. Et que va faire Dieu ? Va-t-on voir « sa colère
s'enflammer » comme en Exode 4, 14 lorsque Moïse
ergotait lui aussi avec lui — sans humour il est vrai ? Non :
non seulement il ne se fâche pas, mais il répond à la
requête d'Élie et, plus tard, lui accordera l'apothéose.
Comme si Dieu aimait qu'on joue avec lui.

Cependant une question reste à poser : même si,
comme nous l'avons dit, rien n'interdit *a priori* d'attribuer
à Yahvé le sens de l'humour, pourquoi le narrateur a-t-il
choisi de le montrer sous ce jour ? Étant donné la nature
du sujet, rien n'imposait le ton humoristique.

En fait, en soi, la démarche n'est pas scandaleuse mais
il faut avouer qu'elle est insolite et que, même de nos
jours, elle pourrait être perçue comme provocante ; mais,
sans doute encore bien plus en son temps, c'est-à-dire
dans un contexte de religiosité mosaïque où précisément
Dieu est représenté comme solennel, pontifiant, grandilo-
quent : nul n'a moins le sens de l'humour que le Dieu de
Moïse sinon Moïse lui-même. Or, nous avons vu que tout
le passage qui nous intéresse s'oppose au mosaïsme.
Comment mieux prendre le contre-pied de son Dieu

qu'en le dépouillant de son tonnerre et de sa gloire pour lui donner le sens de l'humour ? La présence de l'humour serait alors polémique ; mais il faut sans doute y voir plus : un enseignement. En effet, le sens de l'humour, étant attribué à Dieu, devient vertu. Et cette vertu consiste par définition à ne plus se prendre au sérieux, c'est-à-dire, en fin de compte, à ne plus se cramponner à son moi. À cet égard, l'humour s'apparente à l'amour. Or, nous avons vu que précisément l'amour était présenté comme signe de Dieu, manifesté à deux reprises (les deux visites de l'ange). L'humour constituerait de même un autre signe de Dieu qui lui aussi se manifeste deux fois (la question reposée et, auparavant, l'accueil à l'insolent). Signes de Dieu, mais signes imitables : l'aboutissement de l'itinéraire spirituel étant justement la dissolution du moi, la pratique de l'amour et de l'humour, qui l'un et l'autre impliquent l'atténuation du moi, devient la propédeutique de la spiritualité.

On comprend désormais comment s'articule la suite du texte. Élie a commis une erreur qui lui fait quitter le territoire sacré et le rejette en territoire profane. Mais, l'exclusion étant prononcée avec bienveillance, tout espoir de retrouver l'illumination de l'Horeb n'est pas perdu. Le retour au profane n'est pas une chute, c'est une erreur de parcours due à un manque de maturité mystique qui pourra être corrigé. Et, de fait, toute la seconde partie du récit montrera que la correction est effectivement possible puisque le prophète, à la fin du récit, connaît l'illumination suprême et, cette fois, définitive, lors de l'élévation. D'autre part, on apprendra par quel cheminement s'est réalisée cette correction. Il est paradoxal. En effet, de façon appa-

remment contradictoire, Élie se trouve ramené au mosaïsme puisque Yahvé lui enjoint de quitter l'Horeʰ ᵊt de
prendre des dispositions pour que les fils d'Israel qu ᵓnt
« fléchi les genoux devant Baal » soient exterminés. On
pourrait donc croire que l'on revient à la conception de la
marche biblique de l'histoire : Israel est le Peuple élu, ses
Justes triompheront. Retourne-t-on alors à la case départ,
c'est-à-dire au premier Élie ? Absolument pas, car deux
changements interviennent.

D'abord un changement à l'égard du mosaïsme. En
effet, alors que le premier Élie intervenait activement et
personnellement dans la lutte contre Baal, ici sa tâche se
borne à désigner ceux qui vont intervenir activement
— Ben Haddad et Jéhu, d'une part, le prophète Élisée,
d'autre part. Élie prend donc de la distance par rapport à
l'action et lorsqu'il s'y livre, ce ne sera que pour des
interventions ponctuelles, à savoir la malédiction sur Achab
(après la lapidation de Nabot) et la malédiction sur le roi
Ochosias coupable d'avoir consulté un autre oracle que
celui de Yahvé, épisode sur lequel s'articule le foudroie-
ment des milices chargées de faire descendre Élie de la
montagne. Nous reviendrons plus loin sur le sens de ces
actions mais ce qui est sûr c'est qu'elles n'ont rien de
comparable à l'action antibaaliste de longue haleine menée
dans les chapitres 17 et 18. En fait, d'après les paroles de
Yahvé, c'est à Élisée que sera laissé le soin de dégager le
« reste » des Justes d'Israel. Que fait donc Élie ? Il se retire
dans la montagne (il est même précisé qu'il « était assis sur
le sommet de la montagne » : 2 R 1, 9). Autrement dit, il
se livre essentiellement à la contemplation.

Du comportement d'Élie on pourrait donc inférer qu'il

maintient sa nouvelle spiritualité mais que, retournant au monde profane par suite de sa défaillance, il se trouve confronté au problème du baalisme et, puisqu'il n'est pas question de pactiser avec lui et qu'il faut le combattre, il apparait que les structures existantes, c'est-à-dire le mosaïsme, sont un *outil* acceptable. Mais il n'est plus une *fin en soi*. Il est bon pour le roi et pour le peuple, et Élie saura resurgir pour le rappeler mais seulement de façon ponctuelle, étant entendu que la lutte antibaaliste au quotidien incombe désormais à un *subalterne*, Élisée. Lui, dans sa retraite, est occupé par l'essentiel, à savoir le recueillement.

D'autre part, on observe aussi chez Élie un changement psychologique. Lors même de ces actions, le comportement d'Élie s'est modifié. Aux chapitres 17 et 18, il est représenté comme un fonceur, débordant de vitalité, donnant des ordres (vingt fois !) et ne s'embarrassant pas de nuances. Il est presque toujours en train de bouger (une dizaine de verbes d'action dont certains comme bâtir, couper, creuser un fossé, égorger, ainsi que quinze verbes de mouvement) au point qu'il est même crédité par la *vox populi* du don d'ubiquité puisqu'on voit que le ministre d'Achab refuse d'aller prévenir son maitre qu'Élie l'attend car il pressent que le prophète sera déjà parti lorsque le roi arrivera. Une fois, il est même montré en train de courir sur un trajet de trente kilomètres.

À partir de Beer-Sheba, au contraire, Élie est souvent représenté dans une position statique (pour le chapitre 19 : il s'assit, il se coucha, il s'endormit sous le genêt ; il passa la nuit, il se tint debout ; pour le chapitre 21 : Élie n'est présenté qu'en train de parler ; en 2 R 1 il est assis).

Certes, il bouge encore mais beaucoup moins et toujours à la demande de Dieu, non de sa propre initiative. De même, dans les quelques occasions où il agit, ce n'est pas comme dans le début du texte en prenant l'offensive mais en réaction à une vilenie et en service commandé ; cette action reste toujours de type oraculaire — c'est-à-dire verbal. Sans même que cela soit dit explicitement, la nature du vocabulaire révèle donc un homme plus calme, plus mesuré. Et cette mesure se retrouve aussi dans ses dispositions à l'égard de ce qu'il combat. Certes, sa vigueur n'a en rien faibli mais son intransigeance s'est atténuée : ainsi on le voit modérer le châtiment d'Achab car ce dernier fait preuve de repentir (1 R 21, 27-29) ; de même dans le cas du troisième chef des milices qui est épargné parce qu'il « fléchit le genou devant lui » (2 R 1, 13). Une attitude nouvelle apparait donc chez Élie : il est devenu — relativement — nuancé.

Enfin, autre fait nouveau, Élie ne donne plus d'ordres. Sauf dans un cas cependant ; lors de sa descente au Jourdain, avant l'élévation. À trois reprises, il dit à Élisée : « Reste ici car l'Éternel m'envoie [... à Béthel : 2, 2 ; à Jéricho : 2, 3 ; au Jourdain : 2, 6]. » Ce désir de solitude s'explique aisément : dans l'esprit de l'Horeb, la contemplation se pratique seul. Or, Élisée insiste à chaque fois pour l'accompagner et réussit à s'imposer. Il est d'usage de considérer que cette insistance est dictée par un attachement irrépressible au Maître. Celui-ci ne résiste pas, soit qu'il reste indifférent, l'esprit déjà ailleurs, soit, comme on le dit d'ordinaire, qu'il soit ému de l'élan du disciple ; dans ce cas, ses injonctions ne seraient que de pure forme et presque une coquetterie. De toute façon, il demeure que

dans les deux premiers chapitres on a vu la volonté d'Élie
s'exercer sur les hommes de façon remarquablement impé-
rieuse et qu'ici, au contraire, ce même type de volonté est
mis en scène mais pour être montré comme une disposition sans importance.

Toute cette période probatoire voit donc l'émergence
d'un nouvel Élie, un Élie détaché chez qui se murit la
métamorphose finale — l'élévation. Cette maturation passe
par un retour au mosaïsme mais à un mosaïsme relativisé,
devenu moyen et non fin. En fait, l'essentiel de la première
partie, c'est-à-dire la révélation d'une nouvelle spiritualité
et la critique implicite du mosaïsme, n'est en rien remise
en question ; simplement une nuance — fort importante
bien sûr pour le novice — est introduite : le mosaïsme est
non seulement préférable au baalisme mais il peut constituer un tremplin pour aboutir à la spiritualité accomplie
— stade où il deviendra non seulement inutile mais même
rédhibitoire.

On voit donc que ce retour partiel au mosaïsme ne
contredit en rien l'antimosaïsme du début. Dans ces conditions, rien ne permet de supposer que la seconde partie du
récit ne prolonge pas la première. Par voie de conséquence, absolument aucun passage [9] dans l'ensemble du
document relatif au prophète Élie ne peut être considéré
comme interpolé. Ce texte semble donc constituer un tout
parfaitement harmonieux dont on ne peut sans grave

---

9. Sauf probablement les versets 25 à 26 de 1 R 21 que l'on s'accorde
à considérer comme une glose ; de fait, non seulement ils interrompent
le récit mais ils n'apportent aucune information ; en outre, leur ton
lourdement moralisateur est complètement étranger au reste du texte qui
toujours suggère sans jamais sermonner.

dommage retrancher, déplacer ou corriger un seul verset ni même peut-être un seul mot et l'on est fondé à le nommer le « Livre d'Élie ».

C'est le récit de l'évolution d'un homme qui cherche, qui se cherche et qui, lentement, trouve la voie — c'est-à-dire exactement le contraire de ce que comprend la tradition qui fait d'Élie un personnage uniformément saint et victorieux, sans faille et sans tourment, du début à la fin.

L'évolution d'Élie se déroule en quatre étapes qui structurent le texte en quatre parties bien nettes :

1re partie (1 R 17—18) : Élie est un héros solitaire plein de santé, de superbe et de foi ;

2e partie (1 R 19, 1-13) : Élie, victime de l'échec, connait l'amertume et le doute — crépuscule qui le mène aux confins du séjour des morts mais, simultanément, à la découverte d'une vérité révolutionnaire ;

3e partie (1 R 19, 13-fin, 1 R 21, 2 R 1) : il est cependant trop inexpérimenté et doit effectuer dans la montagne un séjour probatoire ;

4e partie (2 R 2) : après cette retraite contemplative, il descendra de la montagne pour connaitre l'illumination suprême et l'immortalité.

C'est bien entendu l'interprétation de *demama* par « silence » qui permet de découvrir cette structuration car elle fait de l'extase de l'Horeb un moment si décisif du texte que tout ce qui précède devient l'avant-Horeb et ce qui suit l'après-Horeb. Au contraire, l'interprétation habituelle par « brise » fait de cet épisode une simple péripétie — noble, certes, mais ni plus ni moins que toutes les autres aventures du prophète.

C'est donc un Élie à quatre facettes que nous découvrons, un personnage riche et complexe dont l'histoire mouvementée apparait, en regard de la momification traditionnelle, d'autant plus passionnante qu'elle est racontée avec verve et humour. Mais cette histoire n'est pas seulement un bref roman : hostile au baalisme, critique à l'égard du mosaïsme, elle affirme une nouvelle et puissante spiritualité. C'est une œuvre engagée.

La nouvelle interprétation de *qol demama daqqa* mène donc fort loin puisqu'elle aboutit à reconsidérer l'ensemble des six chapitres constituant le cycle d'Élie. Elle peut susciter à la fois la satisfaction et l'embarras.

La satisfaction, car elle présente sur les anciennes interprétations un avantage énorme : ce texte universellement jugé informe malgré ses qualités littéraires, elle le rend cohérent. En effet, d'abord, elle confère une signification à des détails jusqu'ici négligés comme anecdotiques et les sort donc de l'insignifiance, que ce soit la mention du genêt, de l'étape de Beer-Sheba, du renvoi du serviteur à cette étape, de la précision « ange *de Yahvé* », de l'usage du participe présent et de la phrase nominale sans sujet animé lors de la théophanie, etc. D'autre part, même si tous les problèmes posés dans l'introduction n'ont pas encore été résolus, la plupart se dissipent d'eux-mêmes, en particulier, le problème central : comment expliquer dans ce texte la coexistence de l'ordre et du désordre, de l'attention et de l'inattention. La réponse est catégorique. Ce texte est sans désordre ; il est construit et chaque mot porte : c'est un texte pensé. Et si des zones d'ombre subsistent encore, il faut les imputer plus à nos insuffisances qu'à la fantaisie orientale. En outre, soulignons-le fortement, cette interprétation est réalisée sans aucune manipulation du texte : non seulement elle ne nécessite aucune correction, aucune interpolation, aucune permutation, mais elle permet de faire l'économie de toutes ces interventions chirurgicales auxquelles le texte a trop souvent été soumis. Enfin, ce qu'elle propose n'est plus un sac vidé mais un récit très rigoureusement organisé, de haute tenue théologique et même intéressant.

Que demander de plus ? Pour tout autre texte, la cause serait entendue : la nouvelle interprétation donne trop de cohérence, de justifications et d'enseignements pour qu'on puisse y renoncer aisément. Mais le récit d'Élie appartient à la Bible. Or, même si le mouvement prophétique a réaménagé le mosaïsme antique en particulier en insistant sur l'intériorisation du culte, jamais il n'a remis, comme ici, en question la révérence absolue envers Abraham, Isaac et Jacob, et encore moins Moïse. Si donc on se dit prêt à se ranger à un nouvel avis, il faudra — et cela fera l'objet du prochain chapitre — répondre auparavant à la question : comment expliquer qu'un message aussi anticonformiste ait pu être intégré dans le canon biblique ? La réponse apparaitra si l'on précise davantage la nature du texte.

CHAPITRE III

UN SANCTUAIRE

Les deux chapitres précédents peuvent donner l'impression que le cycle d'Élie constitue une œuvre de type polémique. Mais il se pourrait bien que sous cette apparence se cache une œuvre plus ambitieuse.

UN RÉCIT INITIATIQUE

Dans l'itinéraire d'Élie se retrouvent toutes les caractéristiques essentielles des parcours initiatiques du monde entier. Peut-être jugera-t-on hardi d'envisager une telle comparaison car tous les documents [1] relatifs aux initiations sont postérieurs au cycle d'Élie (qui, rappelons-le, est daté de − VIIIᵉ siècle). Mais on s'accorde à considérer d'abord, que certains d'entre eux remontent à une très haute antiquité (mystères grecs ou égyptiens, par exemple), ensuite que l'initiation est une pratique universelle (voir Eliade 1959). D'autre part, la comparaison serait

---

1. Sauf peut-être dans le monde assyro-babylonien ; voir Mayassis 1961.

problématique si l'on voulait échafauder des théories quant aux contacts éventuels entre le monde d'Élie et celui où se pratiquait tel ou tel type d'initiation. En fait, notre préoccupation est d'ordre purement typologique : il s'agit de comparer la composition de notre récit avec celle des initiations connues et de se contenter de constater qu'elles comportent en commun tant de traits que la coïncidence ne peut être fortuite.

Rappelons d'abord que l'initiation est un « processus destiné à réaliser psychologiquement le passage d'un état, réputé inférieur, de l'être à un état supérieur[2] ». « Elle équivaut à une mutation ontologique du régime existentiel[3]. » À la fin du processus « le néophyte jouit d'une tout autre existence qu'avant l'initiation : il est devenu un autre[4] ». Pour aboutir à cette métamorphose « les novices [...] subissent une série d'épreuves » dont « la majorité [...] impliquent de façon plus ou moins transparente une mort rituelle suivie d'une résurrection et d'une nouvelle naissance[5] ». « La mort initiatique rend possible la tabula rasa sur laquelle viendront s'inscrire les révélations successives destinées à former un homme nouveau[6]. » Cette mort initiatique ne mène pas seulement à une nouvelle naissance : dans la plupart des processus initiatiques, elle neutralise la mort naturelle en ouvrant l'accès à l'immortalité.

On voit que cet ensemble s'applique à la lettre à l'histoire d'Élie : nous avons vu un premier Élie céder la place

---

2. Hutin cité par Bastide 1968.
3. Eliade 1959, p. 12.
4. Ibid.
5. Ibid., p. 16.
6. Ibid., p. 17.

à un nouvel Élie spirituellement métamorphosé à la suite
d'un bouleversement psychologique qui le mène au suicide.
Sans vouloir, bien sûr, établir un quelconque rappro-
chement autre que typologique avec certains mystères
bien précis et en ne les citant qu'à titre d'illustration, on
pourrait dire que, comme le myste de l'initiation cybé-
lienne, il était « moriturus[7] », comme Apulée dans les
mystères d'Isis, il « approche le royaume de la mort[8] ».
Il reçoit alors les « révélations successives » dont parle
M. Eliade (voir ci-dessus). La théophanie de l'Horeb
répond à l'époptie des mystères d'Éleusis par exemple
mais aussi au témoignage d'Apulée : « [...] ayant foulé du
pied le seuil de Proserpine [...] au milieu de la nuit, j'ai
vu le soleil étinceler ; j'ai pu contempler face à face les
dieux infernaux et les dieux célestes et je les ai adorés
de tout près[9]. » Enfin, par l'élévation finale, Élie atteint
l'immortalité comme le faisaient par l'apothéose et l'apo-
thanatismos les initiés de tous les mystères hellénistiques
pour ne citer qu'eux.

Mais ce n'est pas seulement cette remarquable identité
de structure qui fait de l'histoire d'Élie un récit initiatique,
c'est aussi le fait que, dans la révélation de l'Horeb, on
retrouve des éléments fondamentaux de certains cérémo-
nials initiatiques :

La préparation par une mise en condition physique
comparable à celle qu'on trouve dans les initiations du
monde entier : le jeûne, d'abord total puis, à l'approche de
l'inanition, une réalimentation mais réduite au minimum

---

7. Voir Firmicus Maternus, De errore profanarum religionum, 18.
8. Métamorphoses XI, 21, 24.
9. Ibid. II, 23.

vital ; l'isolement sensoriel et le silence : Élie est absolument seul puisqu'il est précisé qu'il a laissé son domestique à Beer-Sheba ; il est dans le désert ; enfin, la rupture du jeûne par l'absorption du pain et de l'eau apportés par l'ange (1 R 19, 4-5) et dont on trouverait un parallèle dans la consommation du pain et du vin dans les mystères mithraïques ou du cycéon (mélange de gruau, d'orge et d'eau) dans les mystères d'Éleusis.

Un *lieu sacré* — l'Horeb l'est par excellence — protégé des intrus (voir la question : « que viens-tu faire ici ? » mentionnée plus haut). Et, à l'intérieur de l'espace sacré, une caverne — lieu chthonien dont on connaît la valeur mystique : que ce soit comme lieu de théophanies (par exemple de la Vierge à Lourdes ou, au Japon, d'Amaterasu) ou comme lieu de culte (voir le culte mithraïque souvent célébré sous terre ; voir aussi les temples construits dans le roc comme celui d'Abou-Simbel en Égypte ou ceux d'Ellorā ou de Damballa chez les bouddhistes) mais aussi comme lieu d'initiation dans les mystères d'Éleusis. En effet, « le sanctuaire naturel et donc le plus ancien de tous ceux que connaît l'humanité et, entre ses divers emplacements, le plus primitif fut certainement la grotte ou la caverne [10] ».

La *mort initiatique* réalisée ici sous la forme d'une tentative de suicide dans le désert de Beer-Sheba coïncide, nous l'avons vu, avec une identification à Ismael. Or, Ismael est un jeune enfant accompagné de sa mère — ce qui implique que, symboliquement, Élie opère un retour à l'enfance et à la mère qui n'est pas sans rappeler le *regres-*

---

10. Voir Van der Leeuw 1955, p. 386.

sus ad uterum caractéristique de nombreux processus initiatiques [11].

Signalons enfin que le *thème de l'erreur* qui caractérise certains récits initiatiques (voir Gilgamesh, Démophon, etc.) se retrouve dans l'épisode de l'erreur d'Élie en 1 R 19, 13 (voir p. 81-2).

Enfin, même s'ils ont fait ici l'objet d'une élaboration très particulière, les trois éléments suivants ressortissent au rituel initiatique.

Tous les rituels initiatiques supposent un cérémonial souvent compliqué orchestré par des *mystagogues* qui orientent le novice et finalement l'initient. Comme en écho, on trouve dans le récit d'Élie la présence de mystagogues. Ils sont ici très nettement hiérarchisés : d'abord un ange qui surveille le régime d'Élie, puis la « parole de Yahvé » qui l'interpèle lorsqu'il entre dans la caverne ; Dieu lui-même enfin. Ces mystagogues sont donc spiritualisés et, en définitive, Élie reçoit son initiation directement de Dieu sans intermédiaires humains mais il n'en reste pas moins que la structure du processus rappelle celle de l'initiation.

Comme toute cérémonie religieuse, les initiations peuvent donner lieu à des sacrifices. Ici, le prophète ne sacrifie certes aucun animal et pourtant un *acte sacrificiel* a bel et bien lieu, et il est crucial dans ce récit : c'est le « suicide » du prophète dans le désert de Beer-Sheba qui, rappelons-le, n'est pas un geste passionnel mais religieux, tentative suprême d'établir un contact avec le sacré.

---

11. Voir par ex. Eliade 1959, p. 128, et pour le lien entre la renaissance symbolique et la caverne, voir Eliade 1978, II, p. 309.

Enfin, certains mystères impliquent un épisode connu comme la hiérogamie, *mariage mystique* simplement raconté ou bien réalisé par le novice effectivement ou symboliquement (voir les mystères de Dionysos, d'Attis, d'Éleusis, etc.). Bien entendu le récit d'Élie ne contient aucune allusion à un rituel sexuel. Mais il est non moins sûr qu'une union intime est réalisée : celle de l'homme avec Dieu, par l'extase de l'Horeb puis par l'élévation finale.

En fait, ce qui distingue l'itinéraire d'Élie c'est qu'il est intériorisé. Alors que la plupart des parcours initiatiques habituels constituent une sorte de spectacle comportant un public (qui peut parfois être fort restreint), Élie est a lui-même son propre public : tout se passe en lui-même entre Dieu et lui.

Mais cette différence dans l'approche du sacré ne doit pas masquer la profonde identité de structure : le scénario et le décor sont ceux d'une initiation même s'ils sont représentés et adaptés à une forme de spiritualité originale. Typologiquement donc, le récit d'Élie est un récit initiatique.

UN ITINÉRAIRE MYSTIQUE

Le texte ne fait pas que rapporter le récit d'une initiation : étant donné son inspiration polémique, il ne peut pas ne pas se poser comme une *Imitatio*. Il introduit ainsi à l'initiation elle-même en fournissant des informations qui permettent de savoir comment essayer de réussir ce que le prophète a lui-même réalisé.

Bien évidemment, c'est le récit de l'initiation lui-même qui dispense plusieurs enseignements.

D'abord, alors que les grands prédécesseurs d'Élie (Abraham, Isaac, Jacob et Moïse) ont tous été *appelés* par Dieu, pour ainsi dire à leur corps défendant, lui a *cherché* Dieu : c'est lui qui a pris l'initiative de l'appeler. C'est seulement alors que Dieu répond. À cet égard, s'il est vrai que le mot *nabi'* qu'on traduit par prophète veut dire « appelé », Élie n'est pas véritablement un *nabi'*. Cela pourrait signifier que l'homme ne doit pas attendre que Dieu l'appelle ou, plus exactement, appelle un privilégié de façon fortuite : Dieu est en fait disponible ; on le voit même accueillant sur l'Horeb mais réservé : ce n'est pas lui qui fait le premier pas, c'est à l'homme de se prendre en main ; et, comme il n'est plus question d'attendre l'élection d'un privilégié, cela revient à dire que c'est chaque homme qui doit se prendre en main et faire le premier pas : le salut existe mais chaque homme est son propre Sauveur. Tout au plus peut-il bénéficier de l'enseignement d'un guide — en l'occurrence Élie lui-même ; encore faut-il remarquer que le prophète et le narrateur ne se posent jamais en maitres et que, le parcours initiatique d'Élie s'étant fait sans maitre, le néophyte pourrait et devrait s'inspirer de cet exemple. L'élianisme est radicalement individualiste et incompatible avec tout messianisme.

Ensuite, le processus d'initiation aboutit à une mutation du psychisme par concentration de l'attention. Deux variables interviennent : le degré de concentration et le point d'application de l'attention. Leur mise en œuvre permet de définir une hiérarchie d'états psychiques qui sont — ce n'est peut-être pas un hasard — au nombre de sept ; énumérons-les en commençant par le sommet (voir le tableau p. 108) :

L'étape suprême atteinte par Élie d'abord lors de l'expérience de *qol demama daqqa,* puis dans l'élévation finale : concentration totale sur l'absence de perception aboutissant à la dissolution du moi dans le sacré (7e degré) ;

Tous les autres degrés supposent une perception, c'est-à-dire une dualité sujet-objet. Mais cette perception peut être purement intérieure comme dans le cas des trois révélations spectaculaires de l'Horeb : tempête, séisme et feu pouvant représenter, nous l'avons vu, trois états frénétiques où l'attention est absorbée par une représentation du sacré (4e, 5e, 6e degré).

À l'opposé, les deux degrés inférieurs représentés par le baalisme et le mosaïsme correspondraient aux états de conscience banals où l'attention est orientée vers les perceptions extérieures et la vie organisée en fonction d'elles. Le sacré n'est pas envisagé pour lui-même comme dans les états précédents mais par rapport à ce qui est défini comme le monde ou la réalité. En particulier, l'homme essaie de se concilier cette force avec plus ou moins de succès. À cet égard, les adeptes de Baal et de Yahvé sont mis sur le même plan. Mais ils sont prévenus : le sacré considéré comme force n'est pas fiable car Baal est resté sourd aux invocations de ses prêtres et Yahvé, envisagé comme source de pouvoir, ne vaut pas mieux car la victoire est donnée une première fois à Élie, puis Yahvé se dérobe. Certes, les Enfants d'Israël se sont mal conduits (voir 1 R 19, 10) mais auparavant aussi et Yahvé n'en avait pas moins écouté Élie. Tout cela pourrait signifier non pas que le sacré n'existe pas, mais qu'il est autre. Élie l'a justement trouvé en renonçant à l'action et au succès et en se livrant à une méditation tendant à l'extinction du moi.

Cependant, le yahvisme n'est pas complètement assimilé au baalisme qui, lui, se trouve situé en bas de l'échelle et représente donc ce qui correspond à l'état psychique le plus bas. Pourtant, apparemment, rien ne permet plus de différencier yahvisme et baalisme puisque, nous l'avons vu, le texte est antimosaïque et assimile en quelque sorte Yahvé à Baal. D'autre part, l'auteur ne profère aucune accusation explicite à l'égard du baalisme ; certes, Jézabel est condamnée mais plus pour immoralité que pour baalisme. Quant aux idoles, aux arbres verts, aux hauts lieux et aux pratiques orgiaques si souvent stigmatisés dans les textes bibliques, ils ne sont même pas mentionnés dans le récit. La dévalorisation du baalisme serait-elle donc purement arbitraire et, en définitive, xénophobe (yahvisme et baalisme se valent mais ce dernier est étranger...) ? Il n'en est rien non seulement parce que la doctrine élianique, nous le verrons plus loin, est résolument universaliste mais aussi parce qu'une critique spécifique est bel et bien adressée au baalisme mais, il est vrai, implicitement. En effet, nous avons vu que la veuve de Sarepta représentait l'antithèse de Jézabel : elles sont toutes deux phéniciennes mais l'une est bonne, l'autre mauvaise. Plus précisément, cette image inversée fait apparaitre la veuve comme symbole de l'amour et singulièrement de l'amour des enfants ; au contraire, Jézabel est présentée comme une adepte active du baalisme et elle est par là même implicitement définie comme favorable à un rite particulier à cette religion : le sacrifice d'enfants.

C'est donc, en dernière analyse, cette pratique barbare et elle seulement qui ravale le baalisme au plus bas degré ; le yahvisme qui la condamne expressément (voir l'épisode du sacrifice d'Isaac) se situe par le fait même au niveau supérieur.

Mais qu'on y prenne garde : s'il est vrai qu'on est spontanément porté à admettre sans démonstration cette hiérarchisation au nom de l'humanisme, de la sentimentalité ou du bon sens, rien ne prouve que ce soit là les mobiles qui ont poussé Élie à l'adopter. En effet, c'est un homme du sacré. Or, la nature du sacré est telle que ce qu'il commande ne se discute pas. L'attitude par exemple d'Abraham sacrifiant Isaac est à cet égard sans équivoque et, pour les modernes, fort inquiétante : à aucun moment il n'hésite à accomplir la prescription et, s'il ne la réalise pas, c'est qu'un ordre sacré le lui interdit *in extremis* — autrement dit, ce n'est ni par amour pour son fils, ni par respect pour un être de même espèce que lui, mais toujours par soumission inconditionnelle au sacré. On retrouverait le même fanatisme dans des religions camouflées mais bien vivaces comme le nationalisme ou divers totalitarismes. Élie (et son porte-parole) révérant eux-mêmes le sacré pourraient donc comprendre et même respecter les sacrifices baalistes. En quoi le mosaïsme est-il donc supérieur au baalisme ?

Pour le comprendre, il faut envisager dans la pyramide spirituelle un degré qui n'a pas encore été mentionné jusqu'ici. C'est celui auquel Élie est rejeté lorsque sur l'Horeb il se couvre le visage en un geste d'adoration : il quitte alors le monde des révélations sacrées mais il ne peut redevenir purement et simplement le mosaïste bon teint de la première partie ; en effet, il a subi une mutation car il a découvert un Dieu nouveau en se transformant lui-même et, cela, par l'autosacrifice du désert de Beer-Sheba. C'est en renonçant par désespoir au monde et à la vie qu'il aboutit, pour ainsi dire fortuitement, à un état de vide et de réceptivité totale et par là même à l'extase suprême. Ainsi est rendu caduc tout autre mode d'approche du divin, en particulier le sacrifice traditionnel conçu comme l'offrande à la divinité soit chez les baalistes, d'un être cher, soit chez les mosaïstes, d'un objet cher. Le sacrifice de soi — ou plus exactement d'une partie de soi : celle qui est associée à l'action, au pouvoir, à la vie sociale — se présente comme la voie royale. Cette découverte est ineffaçable et le prophète peut bien avoir commis un faux pas dans son rapport mystique, il ne pourra plus redevenir le premier Élie, celui du degré mosaïque.

Ainsi donc se dégagerait un troisième degré de la pyramide spirituelle, inférieur aux hiérophanies en ce que sujet et objet y sont séparés mais supérieur aux deux premiers degrés (mosaïsme et baalisme) par l'intériorisation du sacrifice ; sans que l'extase soit atteinte, il suppose une tension vers Dieu et un abandon de soi à Dieu. C'est l'état d'oraison qui peut se manifester dans la sérénité, comme sur l'Horeb mais aussi, notons-le bien, dans la déréliction, comme dans le désert de Beer-Sheba. On pourrait le nommer : état oblatif. En dernière analyse, ce qui justifie la supériorité de ce troisième degré par rapport aux deux premiers, c'est son efficacité : concrètement et, pour ainsi dire, expérimentalement Élie découvre que le sacrifice de soi ouvre à Dieu alors que le sacrifice traditionnel est vain.

D'autre part, le sacrifice de soi ne peut par définition

être réalisé que par et sur l'individu qui l'offre ; ainsi est confirmé le caractère radicalement individualiste du mysticisme élianique signalé plus haut : aucun autre être humain ou divin ne peut faire le salut d'un autre. Et c'est justement ce trait qui permet de répondre à la question posée précédemment : en quoi le mosaïsme est-il supérieur au baalisme ? En effet, entrer en relation avec le sacré comme le fait le baalisme en tuant un être humain suppose en fin de compte l'attribution d'un rôle de substitut à cet être ; le sacrifice est donc non seulement inutile mais dangereux car il peut donner l'illusion du salut alors qu'il le retarde. Le baalisme est en cela condamnable. Au contraire, quelles que soient ses motivations, toute doctrine interdisant les sacrifices humains favorise *a priori* le progrès spirituel. La tradition abrahamiste est donc en cela plus proche de la vérité que le baalisme.

Tableau récapitulatif

7ᵉ degré	fusion	
6ᵉ degré	feu	
5ᵉ degré	séisme	} cratophanies
4ᵉ degré	tempête	
3ᵉ degré	oblation (prière)	{ déréliction adoration
2ᵉ degré	mosaïsme (yahvisme)	
1ᵉʳ degré	baalisme	

Ce qui précède montre que la relation avec le sacré se résume à un désir de l'impétrant de se fondre en lui et que toute sa pratique repose à cet effet sur l'abaissement du moi, donc sur une ascèse mais sans rite, sans culte, sans clergé, sans effusions — et même sans prière, puisqu'on voit dans l'épisode de l'Horeb que l'acte d'adoration constitue en fin de compte un obstacle à l'illumination suprême.

Du moins au niveau le plus élevé. Mais la doctrine élianique envisage plusieurs degrés dans l'itinéraire spirituel. Or, chacun est caractérisé par une vie religieuse spécifique. Chaque individu suivant son degré d'avancement abordera le sacré différemment avec ses rites et ses croyances, et nourrira donc de Dieu une conception qui lui est propre. Toutes sont concevables et praticables mais toutes sont dépassables et l'impétrant doit savoir qu'il peut bien adhérer à la religion qu'il veut, l'essentiel est que justement il ne se bloque pas à l'un des degrés de l'évolution spirituelle et se tienne constamment prêt à rejeter — comme Élie — sa religion pour progresser : il faut qu'il sache simplement que « Dieu n'y est pas » pour reprendre les termes de la théophanie.

Toutes les religions sont donc vraies et tous les dieux existent — y compris Baal dont l'existence, notons-le bien, n'est pas réellement mise en doute ; elles sont pourtant toutes fausses et Dieu est toujours ailleurs. Mais il reste qu'elles sont hiérarchisées : les transes de type dionysiaque que supposent sans doute les révélations spectaculaires (tempête, séisme, feu) ne sont pas condamnées ; au contraire, si on éprouve le besoin de dire que Dieu n'y est pas, c'est que le risque est grand qu'on croie qu'il s'y trouve. Elles sont donc présentées comme quasi divines mais aussi comme devant être dépassées. De même, lorsque Élie adore Dieu sur l'Horeb, il s'en éloigne mais il en est plus proche que lorsqu'il était le mosaïste fanatique de la première partie du récit, ce mosaïste étant lui-même plus près de Dieu que les baalistes. Cela impliquerait donc une conception de la religion à géométrie variable : il convient de lutter contre le baalisme et il faut alors soutenir le mosaïsme dans cette lutte et, en même temps, condamner un mosaïsme qui s'annoncerait comme Vérité absolue. Et, de même, il faut — avec ferveur — prier un Dieu en sachant que ce Dieu devra être mis en question.

L'itinéraire mystique est tracé. À qui serait tenté de le suivre, deux indications pratiques sont implicitement données : la doctrine est sans concessions mais ouverte. Ouverte, car l'accès à l'Absolu se fait par étapes : d'abord Élie est montré comme un homme qui évolue. On voit ensuite qu'il n'accède que progressivement à la vision suprême : Dieu pourrait d'un seul coup se révéler au prophète et renouer avec lui l'Alliance mais il préfère auparavant rétablir le contact d'abord sous la forme d'un ange puis par sa voix, comme s'il fallait qu'Élie progresse relativement lentement. Enfin, le disciple a le droit à l'erreur. C'est l'enseignement qu'on pourrait tirer du « faux pas » commis par Élie sur l'Horeb (voir p. 81) ; l'extase est interrompue mais la suite prouve qu'un rattrapage est possible. Cette péripétie souligne bien la nature du cheminement spirituel : il suppose un entraînement du système nerveux et une méthode ; si l'on suit la méthode on réussit, sinon on recommence ; rien de merveilleux en cela, ni grâce, ni prédestination, ni péché, ni mal, seulement des erreurs de parcours, toujours réparables. Par là même, la Voie est a priori ouverte à tous et non réservée à quelques privilégiés.

Mais cet optimisme et cette bienveillance pédagogique sont implicitement assortis d'une exigence et d'un avertissement. Une exigence : l'ardeur, trait dominant d'Élie — que ce soit l'Élie première manière ou celui de l'Horeb (voir p. 69-70). Un avertissement : le progrès spirituel suppose une mutation psychique qui ne peut être que douloureuse puisqu'elle exige un abaissement du moi. Ce qui a ouvert la voie de l'illumination à Élie, c'est la conduite suicidaire dans le désert — suicide, c'est-à-dire abandon total du moi et du monde, mais non suicide violent car il ne se tue pas mais renonce à vivre et aboutit à un état de passivité absolue, d'inactivité absolue et d'indifférence absolue pour le monde et pour les stimulations sensorielles. La montée au ciel suppose la mort au monde.

UNE RÈGLE DE VIE

La biographie d'Élie ne se contente pas de baliser les étapes d'un itinéraire mystique, il propose aussi un viatique aidant à les franchir. Certes, il n'est pas fourni explicitement, mais symboliquement, à la manière orientale, d'une part, sous forme d'apologues, d'autre part, dans les motifs et l'agencement du texte.

Les apologues

On observe en effet que le récit strictement initiatique est assorti de nombreuses anecdotes qui peuvent être lues comme de simples historiettes mais aussi, puisqu'elles ne se trouvent pas dans un contexte frivole, être méditées, c'est-à-dire envisagées comme ces apologues ou paraboles qui constituent le genre littéraire hébraïque bien connu de la *haggada*. Mais, dans le cas de ce récit, cette interprétation n'est pas seulement une option, c'est une obligation, car nous avons appris que le narrateur ne parle pas pour le plaisir de parler : chaque détail porte ; ses apologues sont donc *a priori* significatifs. De fait, de leur lecture semble se dégager progressivement une véritable règle de vie.

Règle de vie personnelle

Le corps. — Bien entendu, le récit de la révélation indique la voie : puisque l'illumination suprême se fait dans l'immobilité, la solitude et le silence, il va de soi que solitude et silence doivent être cultivés et que, inversement, doivent être évitées les excitations sensorielles, les effusions, l'agitation et même l'action.

Cela débouche donc sur une ascèse mais une ascèse bien délimitée. C'est ce qu'enseigne l'anecdote du chapitre 19 où l'on voit un ange interrompre le jeûne — suicidaire — du prophète. Le détail est bien là pour lui-même car on voit que, si on le supprimait, rien d'essentiel ne serait perdu dans le texte. Et il n'est pas fortuit car il est répété : par deux fois l'ange dit à Élie : « Lève-toi et mange ! » Enfin il est souligné, car le narrateur éprouve le besoin de préciser que la nourriture apportée est composée d'une « galette cuite sur des pierres chauffées et une cruche d'eau » (alors qu'il aurait fort bien pu rester dans le vague). On peut sans doute voir là l'indication que l'ascète doit prendre soin de son corps — Frère Corps, disait François d'Assise — et se garder de toute macération excessive ; il ne s'agit pas de bombance — ce ne sont pas des victuailles que l'ange propose — mais au moins un minimum vital ; l'absence de viande ici est significative, en contraste avec le premier Élie dont on dit que des corbeaux « lui apportaient du pain et de la viande le matin et du pain et de la viande le soir » (1 R 17, 6) — à moins que ce ne soit une critique discrète à l'égard des semblables du premier Élie prompts à condamner la population à la famine tandis qu'ils ne manquent de rien... En tout cas, les nourritures terrestres sont clairement subordonnées à l'entreprise mystique : « Mange car la route est longue », dit l'ange.

Autrement dit, pour reprendre deux formules célèbres : « L'homme ne vit pas seulement de pain » mais « Sans farine, il n'y a pas de Tora ». Mais l'apologue va sans doute plus loin car il éclaire la notion de sacrifice de soi, cardinale dans la doctrine élianique ; en effet, Élie offre sa vie mais le sacrifice est refusé ; ce qui est accepté, c'est le sacrifice d'une partie de lui-même, celle qui est attachée à l'action, au pouvoir, à la société, aux stimulations sensorielles, c'est-à-dire ce qui constitue en fin de compte le moi ; sacrifice qui débouche non sur le néant mais sur un état de réceptivité totale et par là même sur l'extase. Le premier Élie fait donc place au second Élie ; il meurt mais Élie ne meurt pas ; pour que le second naisse, il ne faut donc pas que la vie cesse : elle est la condition fondamentale du progrès spirituel, la Valeur primordiale, et ce n'est donc pas par hasard que le premier commandement formulé au

prophète est justement : « Mange ! » On observera avec
intérêt qu'un autre grand mystique, Bouddha, a suivi très
exactement la même démarche qu'Élie : après s'être imposé de longues et dangereuses mortifications, il en perçoit
la vanité en même temps qu'il reçoit l'illumination salva-
trice.

Le désir et le salut. — L'apologue de la vigne de Nabot
(1 R 21) pourrait bien en définir le mécanisme. On se
souvient que le roi Achab désire acquérir la vigne d'un de
ses sujets, Nabot. Ce dernier refuse en invoquant l'usage
qui interdit la vente de la terre afin de maintenir intact
l'héritage foncier (voir Nb 36, 2 s.) ; la reine Jézabel, voyant
son mari contrarié par cette rebuffade, ourdit un complot
contre Nabot et réussit à le faire tuer ignominieusement.
Dieu, par le truchement d'Élie, condamne les époux royaux
à une mort non moins ignominieuse. Le récit oppose donc
« à la conception despotique des droits du roi l'affirmation
du droit divin qui assure la propriété et la vie de tout
individu [12] ». Mais peut-être pourrait-on aller plus loin en
tenant compte des considérations suivantes.

Jézabel a fauté gravement, elle est punie gravement : il
existe donc une Justice ; le mal entraine le mal. Mais ce qui
surprend, c'est que la même peine soit appliquée au roi
alors qu'il est expressément indiqué dans le texte qu'il n'a
pas commis de faute. Au contraire, il est souligné très
précisément d'abord qu'il propose à Nabot un marché non
seulement honnête mais avantageux : « Donne-moi ta
vigne [...] et je te donnerai à la place une vigne meilleure

----

12. Cazelles 1973, II, p. 312.

que celle-là » (1 R 21, 2). D'autre part, on voit que lui, le roi, qui disposait de moyens pour faire fléchir Nabot, ne recourt pas à la violence ; au contraire, même s'il n'apprécie pas la décision de Nabot, il se contente d'être « maussade et irrité » mais, en fin de compte, il la respecte et ne remet donc pas en question les motivations religieuses de Nabot.

Quant à la mort de ce dernier, c'est Jézabel et elle seule qui en est l'instigatrice. En effet, voyant son mari désespéré, elle prend les choses en main : « Moi, je vais te donner la vigne de Nabot de Jizréel. Elle écrivit des lettres au nom d'Achab et les scella de son sceau puis elle envoya les lettres aux anciens [...] » ; le texte précise encore « dans les lettres, *elle* écrivait en ces termes [...] ». Étant donné la situation, on pouvait s'attendre à ce que Jézabel, telle Lady Macbeth, exhorte le roi à agir. Or, on ne voit pas qu'elle essaie de le convaincre ; elle ne l'informe aucunement de son plan ; c'est elle qui prend l'initiative d'écrire des lettres et elle ne les lui fait même pas sceller — le détail est précisé. Et, lorsqu'elle apprend que sa machination a réussi, elle se borne à en signaler le résultat à son mari : « Prends possession de la vigne de Nabot [...] car Nabot n'est plus vivant, il est mort. » Rien dans le texte ne permet de penser que le roi connaissait les circonstances de cette mort. Ainsi, non seulement il n'est jamais dit que le roi a commis ou simplement laissé faire une infamie mais le narrateur semble s'évertuer à souligner cette innocence.

Dans ces conditions, si l'on admet que le traitement réservé à Jézabel est fondé, celui que subit le roi relève de l'injustice. Certes, on a tenté d'expliquer le scandale en invoquant une sorte de pieux mensonge : un scribe favorable au parti royal aurait cherché à gommer la responsabilité d'Achab en le faisant apparaitre moins coupable que Jézabel. La thèse n'est guère soutenable car, si elle permet de disculper le roi, elle accuse Élie d'injustice et, par là même, Dieu. Quel scribe aurait pris ce risque ?

En réalité, nous n'avons sans doute pas affaire ici à une apologie de la morale naïve — les méchants sont toujours punis — car alors non seulement Achab ne devrait pas être condamné mais il faudrait que le corollaire de cette morale soit appliqué — à savoir que la vertu soit récompensée. Or, dans le passage, le personnage vertueux est Nabot. Et quelle est sa récompense ? une mort tout aussi ignominieuse que celle de Jézabel. On ne voit même pas qu'il soit glorifié ou réhabilité ni même plaint. On aboutit donc à un tableau effroyable : Nabot, Achab et Jézabel reçoivent le même traitement ; qu'on respecte les commandements ou qu'on les transgresse, la conséquence est la même — elle est aussi la même si on se contente, comme Achab, de réaliser un désir, somme toute, innocent.

Et c'est peut-être justement un enseignement sur le désir et non sur la justice que veut proposer l'apologue : le point de départ du récit est en effet fondé sur un désir d'Achab et, fait capital, le narrateur se plait à en souligner le caractère anodin, presque capricieux et, en tout cas, envisagé comme ni bon ni mauvais ; il fait donc observer *le désir en soi*. Puis sont examinées les conséquences désastreuses du désir : il engendre la douleur parce qu'il n'est pas réalisé ; d'autre part, il déclenche une série imprévue de contrecoups abominables. Le désir, même innocent, apparait donc comme une sorte de puissance qui échappe à celui qui le nourrit et le mène à sa perte ; c'est

une force pour ainsi dire matérielle puisque, tel un patri-
moine génétique, ces effets se transmettent à la descen-
dance (voir 1 R 21, 29). Face à ce danger, il existe un
refuge : la remise en cause de l'activité désirante elle-
même.

En effet, observons le dénouement du récit. Achab
entendant le verdict prononcé par Élie n'essaie pas de se
justifier, il n'envisage pas d'offrir une réparation ni de
châtier son épouse coupable, « il déchira ses habits, mit un
sac sur son corps et jeûna... » Ce sont les manifestations
habituelles du deuil mais, fait important, Dieu juge avec
satisfaction que le roi s'est humilié. Il l'a fait à la manière
des serviteurs de Ben Haddad, par exemple, qui ayant ceint
leurs reins de sacs et leurs têtes de corde vinrent implorer
le roi d'Israel (1 R 20, 31 s.) ; ils s'en remettent à sa volonté
et, de même, Achab s'en remet à la volonté de Dieu,
c'est-à-dire qu'il accepte *Son* désir et renonce par là même
au sien propre. Tout se passe donc comme si cette
révolution psychologique déclenchait une force suffisante
pour maitriser les forces maléfiques déchainées par le désir
(ou, du moins, pour les freiner car il apparait que, si Achab
les a détournées de lui-même, elles n'en continueront pas
moins de frapper ses descendants).

Ainsi, l'apologue de Nabot pourrait bien proposer un
enseignement relatif à l'un des problèmes fondamentaux
de l'homme : la gestion du désir. Mais il fait plus puisqu'il
montre que l'antidote du désir, l'humilité, rapproche de
Dieu. Elle ouvre donc la porte du Salut, l'aboutissement
étant représenté par l'anéantissement du moi en Dieu
réalisé par Élie. L'apologue fournirait ainsi une ligne
directrice à l'existence.

On pourrait même considérer que cet enseignement est assorti d'une mise en garde : dans toute cette affaire, en effet, le « gagnant » ce n'est en fin de compte pas le « bon », c'est-à-dire Nabot, mais bien le pécheur, Achab. Or, Nabot n'est « bon » que parce qu'il observe les commandements à la lettre : sa morale est figée. Achab, au contraire, se remet en question, il réalise sur lui-même un travail, il évolue. Dans ce parallèle ne faudrait-il pas voir une préfiguration de la proclamation évangélique : « Il y aura plus de joie dans le ciel pour un seul pécheur qui se repent que pour quatre-vingt-dix-neuf justes qui n'ont pas besoin de conversion » (Lc 15, 7) ?

Règle de vie interpersonnelle

Le fondement de l'éthique. — On pourrait le voir dans le récit de la veuve de Sarepta. Cette femme, rappelons-le, est présentée sous un jour très flatteur et le prophète fait pâle figure à côté d'elle. Son comportement peut donc être considéré comme un modèle ; c'est celui de la morale dite naturelle : un homme a faim et soif, elle lui donne à boire et à manger sans le connaitre, sans le questionner et, notons-le bien, sans désir de rétribution car ce n'est pas parce qu'Élie lui promet un miracle qu'elle l'accueille ; non seulement elle ne demande pas de preuve de sa bonne foi, mais elle ne le croit sans doute pas puisque, à la fin de l'histoire, après qu'Élie a guéri son fils, elle s'écrie : « *Maintenant,* je reconnais que tu es un homme de Dieu... » En outre, on doit souligner dans cette conduite un détail important : lorsque Élie demande à boire, elle obtempère spontanément mais lorsqu'il demande à manger, elle refuse d'abord pour accepter ensuite. Le narrateur semble signaler ainsi que la spontanéité n'est sans doute pas un mal mais n'est pas forcément un bien *en soi* pas plus que la morale elle-même. Comme s'il réfutait par avance la Profession de foi du Vicaire savoyard, il se méfie de la conscience, « instinct divin, immortelle et céleste voix », et donne à entendre que le seul bien en soi est l'accès à l'état suprême qui suppose le détachement du moi. Tout ce qui entretient le moi est pernicieux et inversement : l'accueil, la non-possessivité, l'abnégation doivent être cultivés mais non pas en soi, non parce qu'on les éprouve instinctivement ou parce qu'ils pourraient être une donnée première mais bien parce qu'il se trouve qu'ils peuvent favoriser l'obtention de l'illumination. La morale est subordonnée à la mystique ; par là même, elle doit être pratiquée non de façon épidermique et viscérale mais avec réflexion et, éventuellement, avec prudence. Fort éloignée du romantisme, elle ressemble à la conception bouddhique pour laquelle les prescriptions morales *(sila)* ne sont que des « moyens habiles » *(upaya)* pour parvenir au nirvana ; comme elle, elle ne suppose ni péché, ni pardon, ni expiation.

Ici encore, on voit à quel point la doctrine élianique s'éloigne du mosaïsme : certes, du point de vue pratique, l'éthique proposée ne s'oppose pas à celle du décalogue puisque toutes les prescriptions morales de celui-ci sont virtuellement contenues dans celle-là. Mais alors que le décalogue est un inventaire limitatif, l'apologue couvre un domaine plus large. Ensuite et surtout, alors que le décalogue est prescriptif et, en fin de compte, arbitraire, la morale élianique est raisonnée et justifiée : elle n'est pas ordonnée par Dieu mais choisie par l'homme en fonction de l'itinéraire spirituel à réaliser.

Sexualité, famille. — En 1 R 19, 19-20, on voit Élie choisir Élisée pour disciple. Celui-ci « quittant ses bœufs courut après Élie et dit : laisse-moi embrasser mon père et ma mère et je te suivrai ». Élie dit : « Va, retourne, car qu'ai-je fait pour toi. » En se fondant sur l'allusion que fait Luc (9, 61-62) à ce passage : « Quiconque met la main à la charrue et regarde en arrière n'est pas propre au royaume de Dieu », on s'accorde à considérer l'attitude d'Élisée comme une sorte d'atermoiement et la réponse d'Élie comme un reproche. Cet épisode peut raisonnablement laisser penser que celui qui se consacre à la Voie doit orienter vers Dieu toute sa vie affective et, par là même, cultiver la chasteté mais aussi, contrairement à l'enseignement mosaïque, renoncer à sa famille et au projet d'en fonder une.

En parfaite conformité avec le reste de la doctrine, cette exigence extrême est pourtant nuancée par un autre enseignement : on se souvient que, dans l'épisode préparatoire à la théophanie, la manifestation de la tempête pourrait s'identifier aux déferlements affectifs qui fréquemment assaillent le mystique (voir p. 31 s.) et pourraient donc inclure les pulsions sexuelles. Or, de cette tempête, il est dit que Dieu ne s'y trouve pas, rien de plus. Elle n'est pas condamnée comme une abomination. Le contexte permet même de penser qu'elle est en quelque sorte suscitée par Dieu et constitue donc un moment préliminaire à la théophanie comme si, pour utiliser un vocabulaire moderne, il fallait découvrir et assumer les pulsions pour accéder à la révélation.

Bien que la chasteté soit implicitement posée comme principe, la vie sexuelle et affective ne serait donc pas niée ni frappée de culpabilité mais relativisée. *A priori,* toute forme de sexualité et d'affectivité serait donc admise mais sans jamais devenir une fin en soi ; l'objectif suprême resterait la fusion en Dieu avec tout ce que cela implique : d'une part, la sacralisation du sexe propre aux cultes orgiastiques est déconsidérée tout autant, notons-le bien, que la révérence extrême vouée par le yahvisme à la fécondité — forme de bénédiction localisée dans la sexualité. On pourrait sans doute ajouter : tout autant que l'obsession sexuelle ou l'idolatrie d'un être humain. D'autre part, interviennent les principes éthiques favorisant l'accomplissement suprême : l'apologue de la veuve (qui suppose le respect du partenaire) désavoue d'emblée le viol, l'adultère, la répudiation, le mariage imposé ou la prostitution non consentie.

En résumé, tout en contrastant singulièrement avec l'effroi peccamineux des traditions du Livre, l'élianisme n'est ni licence, ni liberté, ni même tolérance, mais intelligence, c'est-à-dire subordination de l'accessoire à l'essentiel — et en l'occurrence — à l'Essentiel.

Un nouveau monde

Le récit s'adresse originellement à un public dont le monde est triplement hiérarchisé car le maitre y est supérieur au serviteur ; l'Israélite y est privilégié par rapport à l'étran-

ger puisqu'il appartient au Peuple élu bénéficiaire de la
Terre promise. L'adulte mâle enfin y est supérieur à la femme
pour des raisons physiologiques, bien sûr, mais aussi religieuses et juridiques ; en effet, bien que le monde juif soit
certainement moins antiféministe que beaucoup d'autres
civilisations, il reste que la tradition du Paradis perdu frappe
la femme dans l'imaginaire collectif d'une culpabilité supérieure à celle de l'homme ; d'autre part, dans la famille c'est
l'homme qui détient le pouvoir (voir Gn 3, 16), il peut
divorcer de sa femme alors que l'inverse est interdit (Dt 24,
1-4) et il peut pratiquer la polygamie (Dt 21, 15).

Or, cette hiérarchie pourrait bien être radicalement
remise en question dans le récit.

La femme et l'enfant. — Deux enfants tiennent une
place fort importante dans le récit. D'abord le fils de la
veuve parce qu'il est associé au plus grand miracle du
prophète. En effet, en niant la mort, Élie fait un prodige
encore plus spectaculaire que lorsqu'il entretient la vie par
le miracle de la multiplication de nourriture ou, dans la
dernière partie, la détruit pour punir. C'est aussi un
prodige absolument réussi alors que le triomphe du Carmel
débouche en fin de compte sur l'échec. C'est enfin le geste
qui lui vaudra de se voir reconnu comme un homme de
Dieu par la veuve de Sarepta.

Quant au second enfant, Ismael, il n'apparait qu'en
filigrane mais joue un rôle central : il est ce qu'Élie devient.
C'est en se faisant Ismael qu'il trouve la Voie. L'identification à l'enfant est en dernière analyse le pivot de la
doctrine.

Les femmes jouent également un rôle important dans le

récit. Trois y sont évoquées : la veuve de Sarepta, Jézabel et — elle aussi en filigrane — la mère d'Ismael, Hagar. Toutes les trois sont grandioses que ce soit dans le bien (la veuve et Hagar) ou dans le mal (Jézabel). Et, fait remarquable, toutes les trois sont présentées en position de supériorité par rapport aux hommes : la veuve qui transforme Élie en faire-valoir un peu ridicule (voir p. 71 s.), Jézabel qui mène son Achab de mari par le bout du nez et qui réussit à vaincre, apparemment en se jouant, cette force de la nature qu'est Élie ; Hagar qui est certes victime mais victime magnifique : auprès d'elle, le responsable de ses maux, Abraham, lui aussi, comme Achab, mécanisé par sa femme, est tout simplement piteux.

Ainsi dans une civilisation où l'homme est valorisé au point qu'on en voit un, le roi Abimélek, demander à son écuyer de le tuer de son épée parce qu'il vient d'être frappé par une femme et qu'il ne veut pas qu'on dise de lui : « une femme l'a tué » (Jdt 9, 54), ce beau rôle donné ici aux femmes pourrait inviter à qualifier le narrateur de féministe.

La valorisation des personnages de femmes et d'enfants n'est probablement ni fortuite ni décorative car elle correspond trop exactement à l'inspiration profonde de la spiritualité élianique. En effet, la femme et l'enfant sont censés être faibles et même si Jézabel est une maitresse femme, elle est femme et par là même appartient à un groupe globalement réputé faible. Or, comment Élie a-t-il pu rencontrer Dieu ? Au prix d'une mutation, lorsque lui, le fort par excellence, est devenu vaincu et totalement vulnérable ; lorsque, lui, qu'on montre habitué à commander aux hommes et aux éléments, se dépouille de sa volonté et devient réceptivité absolue. Vulnérabilité et réceptivité doivent donc être cultivées ; l'enfant, réputé faible, et la femme, réputée passive, sont donc par nature plus avancés dans la Voie et doivent servir de modèles.

Le maître et le serviteur. — La critique n'a peut-être pas assez fait remarquer que, si le récit assigne une fonction importante aux puissants — les souverains Achab, Jézabel et Ochosias, mais aussi le prophète Élie lui-même — il accorde une place non négligeable aux subordonnés puisque dans ce récit fort court ils sont mentionnés sept fois : le premier serviteur d'Élie (1 R 18, 43 s. ; 19, 3), le second serviteur d'Élie (c'est-à-dire Élisée : d'abord en 1 R 19, 19, puis 2 R), Obadia le subordonné d'Achab (1 R 18, 3-16), le messager de Jézabel (1 R 19, 2), et enfin les trois brigades qui sont au service d'Ochosias (1 R 19, 15). Le rôle qu'ils jouent pourrait bien receler un enseignement sur l'attitude à prendre à l'égard du pouvoir.

Elle paraît être indiquée en 1 R 19, 3 où l'on apprend que le prophète vaincu laisse son serviteur à Beer-Sheba et veut donc se rendre seul dans le désert. Cette décision est suicidaire, mais il est possible d'y lire en filigrane un sens supplémentaire si l'on prête attention à ce qu'on pourrait nommer le « jeu du serviteur ». À première vue, dans tout le récit, s'il est vrai que le personnage du serviteur est bien représenté, il paraît pourtant dans chaque cas, sans intérêt ; ainsi, que nous importe que ce soit le serviteur ou Élie lui-même qui monte voir si l'orage arrive (1 R 18, 43) ; de même, on se doute bien que ce n'est pas la reine elle-même qui va rendre visite à Élie pour l'informer de ses desseins (1 R 19, 2). Pourtant, malgré les apparences, le personnage du serviteur n'est pas inutile; et c'est justement le messager de Jézabel qui en fournit la clé : il souligne l'idée qu'un souverain ne se déplace pas lui-même pour annoncer ses intentions. Or, en 18, 8 que fait Élie? il demande à Obadia d'aller l'annoncer à son maitre Achab. On montre donc Élie en position de maitre; attitude confirmée en 18, 43-44 où on le voit donner huit ordres successifs (voir p. 90). Mais, notons-le bien, c'est le premier Élie, le militant yahviste. Au contraire, dans la deuxième partie, lorsque Élie accède à l'illumination de l'Horeb, on découvre qu'il n'est plus un maitre puisqu'il est précisé qu'il a renoncé à son serviteur. Mais le jeu du serviteur ne s'arrête pas là : lorsque l'extase est rompue il reprend un serviteur, Élisée; puis, dans la troisième partie, celle de la période de retraite, il n'est plus fait mention de serviteur et l'on note qu'Élie lorsqu'il s'adresse aux rois (d'abord Achab, puis Ochosias) ne se fait cette fois plus annoncer. Enfin, dans la quatrième partie, celle de l'apothéose, le serviteur réapparait bien en la personne d'Élisée et, par là même, Élie pourrait paraitre de nouveau jouer le rôle d'un maitre; mais on observe alors un changement radical : il n'est plus comme le premier Élie le maitre qui se fait obéir — au contraire, on le voit par trois fois demander à Élisée de le laisser seul et, par trois fois, Élisée passe outre. Élie n'est plus obéi — et il ne parait guère s'en soucier. En fait, lors de l'extase suprême, pour ce qui dépend de lui, il ne se considère plus comme maitre, même si Élisée l'accompagne.

Autrement dit, on constate une remarquable correspondance entre la situation spirituelle d'Élie et le fait qu'il se conduit ou non en maitre : lorsque Élie est proche de Dieu, il renonce à son rôle de maitre, alors que, dans le monde moins élevé de la retraite, non seulement ce statut ne lui est pas interdit mais il lui est même ordonné par Dieu. La leçon pourrait bien être que la hiérarchie sociale n'est pas un mal en soi mais que sa valeur dépend du degré d'avancement dans l'itinéraire mystique et que, au niveau suprême, elle doit être éliminée ; de sorte que, tout en l'admettant, on doit travailler à s'en débarrasser ; ainsi le statut de maitre, sans être déconsidéré, se trouve relativisé et, par là même, celui de serviteur n'est plus dévalorisé : sa dignité est implicitement assurée.

D'autre part, le livre d'Élie ne se contente pas de définir une philosophie du pouvoir. On y découvre aussi une réflexion sur la répartition du pouvoir et l'organisation de la société. Elle apparait dans les récits relatifs aux personnes royales. Ils montrent d'abord que l'institution royale en tant que telle n'est jamais remise en cause. Certes, les trois souverains mis en scène dans ce récit ne sont jamais présentés sous un jour positif : Jézabel est idolâtre et sans scrupules, Achab velléitaire, Ochosias blasphémateur. Pourtant les rois ne sont attaqués qu'à titre personnel et pour des raisons morales. Le narrateur n'est ni un anarchiste ni un révolté. Cependant, il semble que trois apologues permettraient de considérer qu'il tient à établir clairement le rôle et les limites du pouvoir royal.

Dans l'affaire Nabot (1 R 21), Achab et Jézabel sont punis pour vol, meurtre, et subornation de témoins. Bien entendu ces agissements sont condamnables mais l'apologue de la Veuve suffisait à en dissuader. Ce qui est remarquable ici, c'est que le prophète ait jugé bon de se déplacer parce que le coupable était le roi. L'apologue ne vise donc pas tant à fustiger le péché qu'à conférer au souverain une responsabilité particulière : il détient le pouvoir temporel non pour exercer sa volonté de puissance mais pour montrer l'exemple et surtout pour assurer — c'est ce qu'enseigne l'apologue *a contrario* — la propriété (alors que le roi s'empare frauduleusement du bien de Nabot), la justice (alors que Jézabel organise un faux procès) et la sécurité des personnes (alors que Nabot est assassiné).

Le roi Ochosias (2 R 1, 2 s.) est puni pour avoir consulté l'oracle de Baal Zebub et non celui de Yahvé. On peut bien penser que si le roi se permet de révérer Baal, à plus forte raison les gens du peuple. Certes, la pratique du baalisme n'est pas une vertu mais, contrairement à ce qui se passait dans la première partie, Élie n'intervient plus contre le peuple ; il n'estime nécessaire d'agir que lorsque c'est le roi qui transgresse. Par là semble affirmé le rôle du souverain en tant que garant du yahvisme : comme dans le cas précédent, il apparait que des erreurs concevables dans le peuple sont inacceptables chez le roi. Ainsi, l'attention portée aussi bien au rôle des dirigeants qu'à celui des humbles laisse penser que la nation entière est envisagée comme engagée dans le projet spirituel. Tous sont conviés à pratiquer les vertus ouvrant à l'illumination. Chacun, nous l'avons vu, a droit à l'erreur mais il apparait que le détenteur du pouvoir temporel ne peut en bénéficier car sa qualité l'oblige à se situer à un niveau relativement élevé dans la hiérarchie spirituelle : il doit respecter la morale telle qu'elle est définie plus haut et renoncer au baalisme et à ses implications. Son pouvoir s'exerce donc en fonction de la spiritualité et par là même est soumis au contrôle des prophètes, étant entendu que le seul pouvoir de ces derniers est de veiller à ce que le souverain reste digne de sa mission. On remarquera que c'est bien aux prophètes, non au clergé, que ce rôle est dévolu et que les prêtres ne sont même jamais mentionnés. Nous verrons plus loin que ce silence n'est peut-être pas innocent.

Enfin, dans ce jeu, le dernier mot appartient au simple citoyen comme en témoigne l'apologue des brigades (2 R 1, 9-14) : le roi Ochosias ayant envoyé successivement trois brigades se saisir d'Élie, ce dernier fait descendre le feu du ciel sur les deux premières mais épargne la troisième dont le chef fléchit le genou devant lui. Autrement dit, il est récompensé parce qu'il a su désobéir, tandis que ceux qui ont obéi sont punis ; et lourdement puisqu'ils perdent la vie. L'individu à l'échelon le plus bas est donc invité à faire preuve d'initiative et à ne respecter l'autorité que pour autant qu'elle ne contredit pas le projet spirituel. C'est faire de l'objection de conscience une obligation et une obligation cardinale puisque le narrateur tient à la mettre tout particulièrement en vedette : non seulement il lui consacre un apologue mais il fait apparaître que le refus d'objection de conscience est passible de la peine capitale appliquée sur le champ à l'instigation de la plus haute autorité morale, Élie lui-même. Le fait est d'autant plus remarquable que, depuis l'épisode de l'Horeb, c'est Élisée qui est chargé d'expédier les affaires courantes ; Élie, pour sa part, médite dans la montagne et n'intervient que dans les cas jugés extrêmement importants : ceux qui concernent le rôle du roi. De ce fait même, le problème de l'insoumission est situé au même niveau de gravité.

Mais le châtiment est encore plus grave que pour les

souverains puisque ceux-ci sont condamnés non pas à être exécutés sur-le-champ mais seulement à connaitre un jour une mort sans gloire. Si grave que nombre d'auteurs se sont émus : ces soldats en service commandé n'étaient pas si coupables ! en tout cas moins que ceux qui ont donné l'ordre... Pour dédouaner l'auteur de tant d'inhumanité, on a même considéré que le passage était interpolé [13].

Ce serait ne rien comprendre au caractère fondamentalement individualiste si souvent mentionné ici de la doctrine élianique : chaque individu fait son salut lui-même et découvre la vraie vie par une prise de conscience. L'apologue ne dit rien d'autre : celui qui prend conscience (le troisième capitaine) est sauvé, les autres sont condamnés à mort ; mais, notons-le bien, par Yahvé et dans un récit très évidemment mythique. N'est-ce pas une façon rhétorique de dire que l'individu qui refuse d'exercer son libre arbitre est tout simplement *déjà* mort ? On ne saurait plus clairement affirmer la dignité égale de l'individu et — le texte le souligne — de chaque individu puisqu'il s'agit expressément de simples soldats.

Ainsi se dessine une structuration sociale complexe : d'une part, une division tripartite qui, bien que nous soyons loin du monde indo-européen, n'est pas sans rappeler le schéma trifonctionnel cher à Dumézil : le pouvoir militaire et son chef le roi ; le pouvoir spirituel incarné par le prophète ; le peuple. Mais, d'autre part, dans cette société le pouvoir n'est pas valorisé et, à tous les niveaux, reste subordonné au sacré : l'individu se consacre de son mieux à sa réalisation spirituelle ; le roi est un garant et un

---

13. Voir Steinmann, 1956, p. 112, n. 2.

modèle, éventuellement un bras séculier (comme dans le cas de Jéhu); le prophète contrôle la qualité du pouvoir royal et ce pouvoir ne lui est conféré que parce qu'il a, comme Élie, prouvé son avancement dans le cheminement spirituel.

En dernière analyse, chaque personne ne vaut que par son degré de spiritualité et n'est vassale que du sacré.

Une doctrine universaliste. — La Voie est ouverte à tous les peuples : non seulement il n'est jamais fait allusion à une quelconque élection du peuple juif ni à la Terre promise — et, en soi, dans un texte biblique, ce silence est fort significatif — mais, de tout ce qui précède, il ressort que chaque homme peut et doit faire son salut lui-même sans alliance privilégiée, sans intermédiaire, sans rite et sans église mais grâce à une ascèse qui dépend de lui seul : la doctrine élianique est donc implicitement universaliste. Ce trait est en outre explicité par deux détails.

Le premier est évident : la veuve de Sarepta qui incarne l'idéal moral est une étrangère ; les interlocuteurs auxquels s'adresse l'auteur sont donc invités à considérer que le bien n'est pas réservé à leur nation. Mais, comme pour faire bonne mesure, Jézabel, la reine phénicienne, est là pour montrer que tout le bien ne vient pas de l'étranger. Ainsi est affirmé que la recherche spirituelle n'a rien à voir avec l'origine ethnique, et cela d'autant plus clairement que la veuve de Sarepta est représentée sans référence aucune à Dieu et aux traditions d'Israel : ce n'est pas une étrangère qui accomplirait mieux la loi israélite que les Israélites eux-mêmes ; elle est la Voie en soi.

Le second détail n'a guère été remarqué, bien que le

narrateur ait fait effort pour le rendre évident. Relisons en effet l'épisode final (2 R 2). Le grand moment de l'élévation est soigneusement mis en scène : on voit Élie descendre de la montagne avec Élisée en quatre étapes : Guilgal, Béthel, Jéricho, le Jourdain. À chaque étape est introduit un dialogue identique où Élie dit à Élisée : « Reste ici, je te prie, car l'Éternel m'envoie jusqu'à Béthel [Jéricho, le Jourdain] » ; et, à chaque fois, Élisée répond : « L'Éternel est vivant et ton âme est vivante ! Je ne te quitterai point. » Puisque les paroles sont identiques, ce qui attire le plus l'attention, c'est ce qui fait la différence entre chaque paragraphe, c'est-à-dire le nom du lieu vers lequel le prophète se dit envoyé ; autrement dit, si l'on envisage la liste complète, *l'itinéraire* qui va mener au triomphe. Et comme pour souligner que la matérialité de cet itinéraire mérite de retenir l'attention, le narrateur précise comment les deux hommes franchissent le fleuve : « Élie prit son manteau, le roula et en frappa les eaux qui se partagèrent çà et là et ils passèrent tous deux à sec. »

Or, cet itinéraire, c'est exactement celui qu'empruntèrent les Israélites lorsqu'ils prirent possession de la Terre promise : parvenus en Transjordanie, dans la région du mont Nébo, ils se rendent à Jéricho après avoir franchi le Jourdain (Jos 3—7) puis ils gravissent la montagne en direction des villes d'Aï et de Béthel (Jos 8, 9-18). L'itinéraire d'Élie est donc identique à ceci près qu'il s'effectue en sens *inverse*. Pour réaliser l'accomplissement suprême, il doit donc faire exactement le contraire de ce qu'ont fait ses ancêtres : quitter la Terre promise, retraverser le Jourdain. Si l'on tient compte de la mise en valeur stylistique de l'itinéraire et si l'on se souvient que l'apothéose s'est produite au mont Nébo comme un défi à Moïse (voir p. 67-68), cette rétrogradation ne peut être que significative et prendre elle aussi une valeur antimosaïque : elle annule symboliquement la promesse d'une Terre et par là même l'élection d'un Peuple. Plus : elle mène à l'élévation, c'est-à-dire à l'adieu à toute terre au profit d'un autre royaume ouvert *a priori* à tout individu qui, comme Élie, suit la Voie.

L'enseignement du réel

Jusqu'ici nous avons envisagé le récit comme une mosaïque de *haggadoth,* c'est-à-dire d'historiettes dont chacune séparément propose une leçon. Mais il recèle aussi un autre type de *haggada,* beaucoup plus complexe puisqu'il se manifeste sous la forme d'un mouvement dialectique qui couvre l'ensemble des *haggadoth* et qui propose un enseignement sur la nature du réel.

D'abord, en effet, le livre d'Élie se présente comme un récit historique puisqu'il raconte chronologiquement l'histoire d'un homme dont l'existence est affirmée (et reconnue par la tradition) comme réelle, dans des lieux réels, parmi des personnages réels (Achab, Jézabel, Ochosias, Jéhu, etc.) ou, dépeints comme tels et, en tout cas, parfaitement vraisemblables (Obadia, Élisée, Nabot). En cela, il appartient au genre de la chronique. Ce qui l'en distingue, ce n'est pas tant, comme on le dit souvent, la présence d'éléments surnaturels car, après tout, dans d'autres chroniques de l'Antiquité, le surnaturel peut aussi intervenir sans que la qualité de chroniques leur soit contestée et cela est particulièrement évident dans le cas des livres historiques de la Bible, à commencer par le livre des Rois, puisque Dieu y intervient à chaque page. Ce qui fait du livre d'Élie une chronique d'un type très particulier, c'est que le surnaturel y apparaît de façon systématique. En effet, dans le cadre banalement historique où il se situe, *tous* les évènements sont sans exception marqués profondément par le surnaturel ; comme si l'historien avait *choisi* de ne retenir de la réalité que le surnaturel, le reste étant jugé sans intérêt. Cela signifierait donc que, dans un premier temps, il considère que le surnaturel existe et peut intervenir dans la réalité banale (ce qui va de soi à l'époque où il écrit) mais que lui seul doit finalement retenir l'attention.

Mais, en même temps, tout au long du récit, on voit aussi que le merveilleux est relativisé. D'abord, dans deux cas, on peut ne pas le prendre au pied de la lettre : dans l'épisode des milices foudroyées (2 R 1) où nous avons vu que la théâtralité et l'excès même du châtiment invitent à l'envisager comme une métaphore signifiant que ceux qui en sont victimes sont déjà — spirituellement — morts ; d'autre part, dans l'épisode de la double visite de l'ange dans le désert de Beer-Sheba : l'ange est un messager (voir p. 62 s.) et n'est perçu comme ange que par son acte de charité ; mais le plus positiviste des scientistes pourrait qualifier d'ange tout homme de chair et de sang qui lui prêterait secours dans des circonstances identiques.

Ensuite, même si le paranormal existe, il est présenté comme sans grand intérêt : d'une part, en dégonflant par l'humour le triomphe du Carmel, le narrateur nous apprend que, si le magicien possède effectivement des pouvoirs spéciaux, ils ne lui servent en fin de compte à rien puisque le succès débouche sur l'échec. D'autre part, et comme en réponse à cet échec, il fait découvrir une nouvelle catégorie qui détrône le surnaturel aussi bien que celle du banal : celle du spirituel. Ainsi, dans l'épisode de Sarepta, le véritable miracle réside dans la charité de la veuve alors que la multiplication de farine et d'huile réalisée par Élie fait figure de vague péripétie ; de même, qu'importe en fin de compte que l'ange du désert soit un voyageur ou une créature céleste ? l'essentiel est son acte d'amour, pour Élie véritable signe de Dieu. Enfin, cette priorité du spirituel sur le surnaturel est clairement affirmée lors de la théophanie : sur la voie mystique, l'homme peut être confronté à des mondes étranges qui se manifestent à Élie sous forme de tempête, de séisme et de feu ; ces mondes ne sont pas niés, encore moins condamnés, peut-être même faut-il les visiter avant de recevoir l'illumination, mais ce qui est sûr, c'est que Dieu ne s'y trouve pas. Dieu est dans le silence — toutes perceptions normales ou paranormales étant ainsi renvoyées dos à dos.

Pourtant, paradoxalement, il reste un cas et non des moindres puisqu'il s'agit du finale — l'apothéose d'Élie — où le merveilleux se taille une place de choix, non seulement à cause de l'intervention de faits surnaturels très spectaculaires (char de feu, ascension, dissolution dans l'atmosphère) mais aussi du fait d'une mise en scène particulièrement soignée avec suspense (le narrateur retarde le grand moment en décrivant au ralenti la descente au Jourdain, voir p. 131, et introduit un public hiérarchisé : les fils des prophètes et Élisée). Ce morceau paraît donc démentir la relativisation du merveilleux signalée précédemment. Pire : il est un hommage au spectaculaire en contradiction avec le fondement même de la doctrine.

Mais ce serait compter sans l'habileté du narrateur. En effet, en suscitant un public à l'ascension du prophète, il ne pose pas seulement un faire-valoir au héros, il les oppose. En effet, chacun sait ce qui va se passer mais l'on voit d'un côté un Élie si absolument indifférent au spectaculaire qu'il demande par trois fois à rester seul — donc sans spectateurs — et, de l'autre, « cinquante d'entre les fils des prophètes », c'est-à-dire un grouillement de gens qui, eux, ne paraissent justement intéressés que par le spectaculaire : aucune marque de tristesse ou de réflexion spirituelle, tout ce qu'ils disent (à Élisée) est : « Sais-tu que l'Éternel enlève aujourd'hui ton maitre au-dessus de ta tête ? » — avec une telle excitation qu'Élisée est obligé de dire tant à ceux de Béthel qu'à ceux de Jéricho : « Taisez-vous ! » On assiste donc à une sorte de mouvement hystérique un peu comique (voir la répétition *in extenso* aux versets 2 et 5) qui n'est pas sans créer un malaise : Élie veut être seul, donc ces gens sont importuns. Mais il y a plus car, si Élie veut être seul, c'est pour se livrer à un acte mystique suprême, c'est-à-dire en fin de compte à un acte d'amour et, du coup, ces importuns font figure de voyeurs — aussi bien les fils de prophètes qu'Élisée lui-même qui, nous y reviendrons, ne lâche pas Élie d'une semelle.

D'un côté donc, Élie, l'homme de haute spiritualité, reste indifférent au merveilleux : il subit en quelque sorte le surnaturel et devient objet d'émerveillement malgré lui. De l'autre, des hommes excités par le merveilleux et importuns, c'est-à-dire, somme toute, peu sympathiques.

La conclusion s'impose d'elle-même : ici comme précédemment, la réalité du surnaturel n'est pas mise en cause
mais son intérêt est relativisé. Le vrai mystique ne s'y
attache pas [14].

Ainsi, d'un bout à l'autre du récit se manifeste le même
enseignement : trois types de réalité sont admis — le réel
banal (ou historique), le surnaturel, le spirituel. Pour le
mystique, ils s'articulent en un double mouvement dialectique : le surnaturel investit le banal mais le spirituel transfigure les deux.

On voit que, sous les dehors d'un fatras hétéroclite
d'anecdotes, le cycle d'Élie pourrait bien dispenser un
enseignement singulièrement structuré. Sous la diversité
règne une profonde unité : chacun des apologues est en fin
de compte une application dans un domaine particulier de
la stratégie globale proposée au mystique — la dissolution
du moi.

C'est aux interrogations fondamentales que cet enseignement répond : sous forme imagée sont proposés les
principes directeurs permettant à un homme d'organiser
toute sa vie, que ce soit la relation avec le corps (hygiène),
avec les autres (morale), avec l'État (politique) ou avec le
réel (psychologique).

Ce n'est qu'aux interrogations fondamentales qu'il répond ; en effet, le texte est court, les apologues peu
nombreux, la sobriété est cultivée et cette sobriété elle-

---

14. Voir par exemple l'indifférence recommandée par le Bouddha à
l'égard des « pouvoirs merveilleux » (*iddhi* : *Vinaya* II, 112). Voir aussi
M. Eliade 1948, p. 147 s.

même constitue un enseignement capital : elle signale que l'auteur n'a visé qu'à l'essentiel et a évité l'anecdotique, le détail, le particulier ; et par là même se trouve défini ce que sont l'essentiel et l'accessoire, mais en même temps une méthode de pensée et d'action fondée sur la déduction du général au particulier : inutile d'interdire le vol ou le meurtre *spécifiquement* car l'apologue de la veuve de Sarepta en dissuade — tout autant que du viol, de la grivèlerie, du tapage nocturne, etc. Nous l'avons vu, la morale du décalogue est implicitement incluse dans cette historiette. Et ce qui vaut pour la morale vaut pour le reste : la doctrine ne formulant aucune prescription culinaire, vestimentaire, sexuelle, etc., le destinataire se trouve de la même façon invité à répondre lui-même aux problèmes concrets en fonction des grandes orientations et ainsi, dans chaque cas, à chercher à respecter l'esprit sans pouvoir se réfugier ni dans la lettre, ni dans l'autorité, ni dans la tradition.

Une construction mystique

Nous allons aborder à présent un fait fort curieux : en suivant la démarche appliquée ci-dessus aux apologues du récit, on découvre en effet que les éléments du décor et la composition même pourraient bien aussi intervenir dans l'enseignement de la doctrine. Mais, pour s'en rendre compte, il faut d'abord prendre conscience de quelques faits stylistiques. Qu'on veuille bien pardonner une présentation un peu mathématique — mais la clarté et le sujet l'exigent.

Nous avons observé plus haut (p. 93) que le texte était divisé en quatre parties ; apparemment, elles sont d'inégales longueurs, puisque l'on compte, si l'on prend par exemple l'édition Trawitzsch [15], pour la première partie, 125 lignes ; deuxième, 22 lignes ; troisième, 115 lignes ; quatrième, 37 lignes.

En outre, on décèle un souci de construction dans leur agencement. En effet, les deux parties courtes (la deuxième et la quatrième) traitent du même thème : le contact d'Élie avec le divin, que ce soit l'extase de l'Horeb (deuxième partie) ou l'apothéose du Jourdain (quatrième partie). Les deux parties longues (la première et la troisième) sont elles aussi consacrées l'une et l'autre à un même thème : l'action miraculeuse d'Élie sur les hommes. Le lien entre la première et la troisième partie est en outre renforcé du fait qu'elles présentent la même structure. Effectivement, dans l'une comme dans l'autre, trois interventions d'Élie sont décrites :

	1re partie	3e partie
a)	à propos de la veuve de Sarepta	à propos de Nabot
b)	à propos du fils malade de la veuve	à propos du fils d'Ochosias malade
c)	à propos du peuple tout entier (épisode du Carmel)	à propos des milices

15. Berlin, 1945.

En outre, on retrouve un écho de chacune des interventions de la première partie dans celles de la troisième partie : 1 *a)* et 3 *a)* traitent du problème de l'avoir (la générosité de la veuve - la convoitise d'Achab) ; 1 *b)* et 3 *b)* concernent une personne malade ; 1 *c)* et 3 *c)* mettent en jeu des collectivités. On pourrait donc dire en quelque sorte que la deuxième et la quatrième partie, d'une part, la première et la troisième partie, d'autre part, riment sémantiquement.

D'autre part, la deuxième et la troisième partie présentent la particularité d'être subdivisées en trois sections ; au contraire, pour la première et la quatrième partie, on en compte quatre. Énumérons-les :

1re partie :
1) Élie décrète la sècheresse
2) La multiplication de la nourriture chez la veuve de Sarepta
3) Guérison du fils de la veuve
4) Le Carmel

2e partie :
1) La fuite à Beer-Sheba
2) Le désert
3) L'Horeb

3e partie :
1) La rupture
2) Le désert
3) Les trois interventions (Nabot, Ochosias, les milices)

4e partie :
1) La descente au Jourdain
2) La passation des pouvoirs
3) L'élévation
4) Le corps d'Élie n'est pas retrouvé

Or, le quatrième paragraphe de la quatrième partie consacré à la recherche du corps d'Élie s'oppose nettement aux trois premiers dans la mesure où Élie est mort ; non seulement il n'agit plus mais il n'est même plus là ; c'est donc une « scène exposant des faits postérieurs à l'action et destinée à en compléter la portée » — ce qui est la définition d'un ÉPILOGUE [16].

De même, le premier paragraphe de la première partie s'oppose lui aussi au trois paragraphes qui le suivent. En effet, ces derniers racontent des miracles ponctuels réalisés en présence d'un public ; au contraire, le premier paragraphe signale qu'Élie décide d'interrompre la pluie ; on voit, certes, le torrent se tarir peu à peu mais, à vrai dire, un observateur pourrait assez longtemps envisager le phénomène comme passager et se dire « il va pleuvoir demain » — sans être convaincu du miracle ; alors que le déclenchement immédiat d'un orage par le faiseur de pluie lui paraitra un prodige. Ce paragraphe ne fait donc qu'instruire du contexte dans lequel va se dérouler l'action : Élie décrète la sècheresse avec l'aval de Yahvé. C'est donc en fait un PROLOGUE. Cela signifie que :

— les quatre parties du texte sont agrémentées d'une introduction et d'une conclusion ;
— si on réexamine la subdivision en section de chacune des parties du texte en fonction de cette donnée nouvelle, il apparaitra que toutes les quatre présentent la même structure : division en trois parties ;
— le nombre total des subdivisions est de douze.

L'association de *a)* et de *b)* aboutit à une construction

---

16. Voir *Petit Robert*.

comparable à un alexandrin régulier : c'est-à-dire quatre fois trois membres formant deux « hémistiches » coupés par une césure centrale. Dans ces conditions, on pourrait s'attendre à ce que chacune des quatre parties du récit soit de même longueur. Or, ce n'est pas le cas, mais l'attribution de volume à chaque partie n'est pourtant pas non plus anarchique : en effet, les deux « hémistiches » sont composés de façon pratiquement identique :

	1er hémistiche	2e hémistiche
1er membre	115 lignes	112
2e membre	22	27

Si l'on voulait filer la métaphore, on pourrait donc dire que chacun des « hémistiches », est de structure « trochaïque » (longue + brève) ; mais il faut préciser que :
— dans les deux « hémistiches » le premier membre est très notablement plus long que le second ;
— le rapport entre le membre long et le membre court est pratiquement identique dans les deux « hémistiches » : environ 5 à 1 ;
— en outre, il se trouve que les deux membres finaux de chacun des « hémistiches » traitent du même thème : l'union avec Dieu sur l'Horeb dans le premier, au bord du Jourdain dans le deuxième. En quelque sorte, on pourrait ici encore dire que, sémantiquement, ils riment.

Ce qu'il faut pour l'instant retenir, c'est que cette disposition n'est pas fortuite mais suppose un effort conscient de construction.

Outre ces coïncidences relatives à l'architecture générale

du récit, rappelons qu'on trouve une structure stylistique récurrente utilisée en quelque sorte comme matériau de construction : la période (3 + 1) signalée en introduction (p. 14 s.). Aux trois exemples qui s'y trouvent cités (théophanie, nature des fautes des Enfants d'Israel et nature de leurs justiciers) s'en ajoutent plusieurs autres :

Lors de la montée à l'Horeb, la communication finale est précédée par trois contacts surnaturels : les deux apparitions de l'ange et l'intervention de Dieu sous forme de voix ; ces trois contacts sont d'ordre sensoriel, mais le quatrième, le contact suprême est, au contraire, silence.

Dans le chapitre 2 (2 R) on voit Élie *descendre* de la montagne en *trois* étapes toutes décrites de la même façon et dans les mêmes termes : Élie dit à Élisée : « Reste ici je te prie, car l'Éternel m'envoie jusqu'à Béthel. » Élisée répondit : « L'Éternel est vivant, je ne te quitterai pas » ; la formulation est identique pour la descente à Jéricho puis au Jourdain. Or cette *descente* est la phase préparatoire au final du récit : la *montée* au ciel.

Plus globalement, le récit comporte quatre parties dont le mouvement essentiel se situe dans une *vallée* pour la quatrième : l'élévation a lieu dans la vallée du Jourdain ; et pour les trois premières sur des *montagnes* : le Carmel, l'Horeb, puis la montagne où Élie fait retraite (sans doute les monts de Samarie mais l'auteur ne mentionne pas leur nom — ce qui n'est peut-être pas sans signification).

Cette structure fait elle-même écho à celle qui correspond à l'évolution d'Élie ; en effet, dans la première partie, Élie est présenté comme un personnage éminemment actif : c'est une force qui va. Dans la deuxième, sa force est brisée. Dans la troisième, on le voit essentiellement immobile mais ses irruptions dans le monde le montrent toujours aussi vigoureux. C'est seulement dans la quatrième partie qu'Élie non seulement n'apparait plus comme force mais surtout se dissout dans l'apothéose finale puisqu'on précise qu'on ne retrouvera même pas son corps [17].

Cela signifie que l'évolution d'Élie est de même structure que celle de la théophanie :

Élie 1 : force mobile . . . . . .   tempête,
Élie 2 : force de rupture . . .   séisme,
Élie 3 : force immobile . . . .   feu,
Élie 4 : extinction absolue . .   silence absolu.

On retrouve encore la structure (3 + 1) dans l'agencement des degrés d'avancement dans la voie mystique : les trois phases profanes s'opposent globalement au sacré qui lui-même se subdivise en trois phases préparatoires (correspondant à la hiérophanie) et l'extase parfaite [18].

On aura remarqué que la structure (3 + 1) peut s'appliquer non seulement à des passages relativement réduits (théophanie, chapitre 2 de 2 R) mais aussi à l'ensemble du récit et que, même dans le premier cas, ce sont des morceaux qui portent toujours sur plusieurs phrases.

Que ce soit le motif (3 + 1), la subdivision en (4 × 3) ou la construction en fonction de la « rime sémantique » croisée, tous les traits envisagés ci-dessus contribuent à la structuration du texte, et leur nombre et leur importance sont si considérables qu'on ne peut les tenir pour fortuits. Cette œuvre est remarquablement charpentée et mathé-

---

17. Voir 2 R 2, 16-18.
18. Voir p. 108.

matiquement construite, et cela ne laisse pas de surprendre car la littérature hébraïque, et plus généralement la littérature sémitique ancienne — ou ce que nous en savons —, se caractérise par un savant désordre qui peut être puissant et inspiré mais nulle part on ne trouve cette composition méthodique et géométrique qui rappelle plutôt Lysias ou Cicéron. Nous laisserons à d'autres le soin d'épiloguer sur cette curieuse manifestation de « classicisme » hébreu pour nous attacher à deux derniers détails formels surprenants.

D'abord une coïncidence : nous avons vu que le point culminant du récit était constitué par la formule *qol demama daqqa* exprimant la révélation suprême du divin. Or, elle se trouve au chapitre 19, verset 12 (1 R), ce qui la situe exactement au *centre* du récit. En effet, ce passage est précédé par 147 lignes [19] de texte et en est suivi par un nombre pratiquement identique (152). Et si l'on admet, comme les critiques s'accordent à le faire, que les deux versets 25 et 26 (1 R 21) sont interpolés [20], on compte même de part et d'autre de la formule un nombre de lignes absolument identique.

Ensuite, les quatre parties correspondant aux quatre temps forts de l'itinéraire spirituel d'Élie se situent dans quatre régions bien distinctes de la Terre sainte, de sorte que ce cheminement coïncide avec un voyage. Or, ce voyage le mène à chaque fois vers une direction très nettement associée à un point cardinal différent :

1re partie : elle se déroule à l'OUEST ; le temps fort est situé

---

19. Dans l'édition Trawitzsch, citée n. 15.
20. Voir n. 7.

sur le mont Carmel, c'est-à-dire la pointe la plus avancée de la Terre sainte dans la direction de l'occident ;

2ᵉ partie : Élie se rend dans la péninsule sinaïtique, donc à l'extrême SUD de la Terre sainte (quelle que soit la localisation précise de l'Horeb : le Jebel Moussa ou le Jebel Halal[21]) ;

3ᵉ partie : après la théophanie, Élie reçoit de Yahvé l'ordre de reprendre « la route par le désert vers Damas ». C'est ce qu'il fera et il se fixera dans les monts de Samarie. L'action s'est donc déplacée du sud vers le NORD ;

4ᵉ partie : Élie descendant de la montagne vers Jéricho franchit le Jourdain et se dirige donc vers l'EST.

Dans aucun des cas le doute sur la localisation n'est permis car l'action se situe au point extrême de chacune des directions par rapport au centre implicite que représente la Terre sainte pour le narrateur et son public.

Cette relation entre les points cardinaux et l'action du récit n'est-elle pas purement fortuite ? Trois raisons permettent d'en douter.

D'abord, nous venons de voir que le narrateur était sensible au motif à quatre éléments (3 + 1). Il serait bien étonnant que le carré des points cardinaux doive être dissocié des autres carrés.

Ensuite, cela serait d'autant plus surprenant que ce carré des points cardinaux est structuré comme tous les autres, c'est-à-dire suivant la formule (3 + 1). En effet, le dernier point envisagé, l'est, s'oppose aux trois premiers en ce qu'il est l'orientation privilégiée de l'itinéraire puisque c'est à l'est qu'a lieu l'apothéose du prophète.

---

21. Sur ce sujet, voir Grandet 1988, p. 97.

Enfin, les différentes phases de l'action ne sont pas associées à un point cardinal de façon arbitraire. En effet, on sait que chaque point cardinal correspond à une étape notable de la course du soleil. Or, il se trouve que dans chacune des parties du récit liées à un point cardinal la situation existentielle du prophète est comparable à la position du soleil correspondant à ce point. Commençons par les trois dernières parties pour lesquelles la coïncidence est évidente :

2e *partie (sud)* : de même que le soleil est à son zénith, Élie connaît l'illumination de l'Horeb ;

3e *partie (nord)* : de même que le soleil est caché, Élie, renvoyé par Yahvé dans le nord, fait retraite dans la montagne ;

4e *partie (est)* : de même que le soleil se lève, Élie s'élève vers le ciel ;

1re *partie (ouest)* : elle peut sembler plus rebelle à la comparaison puisqu'elle coïncide avec le triomphe du Carmel. Mais ce triomphe, rappelons-le, est celui qui précède la défaite : c'est la gloire du soleil couchant.

On ne peut donc considérer comme fortuite la localisation géographique de l'action dans notre récit. Tout se passe comme si le narrateur, lorsqu'il a rapporté les souvenirs relatifs au prophète Élie, avait choisi de lier les évènements aux points cardinaux — soit qu'il les ait pliés de lui-même à une structuration préétablie, soit qu'il n'ait retenu que les souvenirs qui s'y accordaient tout en évitant peut-être de mentionner d'autres localisations non conformes.

Si, donc, chacune des parties du texte correspond à un

point cardinal, il devient possible de lui attribuer une orientation, c'est-à-dire que la disposition globale ne sera plus linéaire (1 + 1 + 1 + 1) mais fermée ⸫ — en fonction de la nature des choses ; autrement dit on aboutit à une construction en carré (et en même temps circulaire si l'on tient compte du fait que les points cardinaux sont associés au mouvement solaire).

Cela signifie que la construction du récit comporte en définitive deux éléments fondamentaux : d'une part, ce carré dont chaque face est un orient ; d'autre part, un centre — centre où se trouve mentionnée la réalité la plus intime de la divinité. Or, un lieu clos où réside le divin constitue un sanctuaire ; ordinairement, son périmètre dessine en outre un quadrilatère — rectangle ou carré. De plus, il arrive souvent que les sanctuaires soient aussi orientés : c'est le cas de la ziggourat assyro-babylonienne qui non seulement est carrée ou rectangulaire par sa base mais « orientée soit par les angles, soit par les côtés[22] ». Il en est de même en Égypte où « on a trouvé que les tombeaux et les temples construits dans l'ancienne Égypte étaient souvent orientés vers les quatre points cardinaux. C'est toujours le cas des tombeaux royaux en forme de pyramide et, parmi ceux-ci, on en a trouvé quelques-uns qui sont ainsi orientés avec un haut degré de précision[23] ». On retrouve aussi ces caractéristiques dans les temples grecs, les temples de l'Inde[24], ou les églises chrétiennes[25]

---

22. Voir Dhorme 1949, p. 180 ; Largement 1955, IV, p. 125.
23. Voir Žaba 1953, p. 11.
24. Voir *Dictionnaire des symboles,* sous « Orient-occident ».
25. Voir *ibid.,* sous « Temple » ; voir aussi à propos des dolmens Y. Chevalier 1981, p. 536.

mais aussi, en Terre sainte même, dans le temple d'Arad [26] et surtout dans le Temple de Salomon. Dans ce dernier, le saint des saints s'y inscrivait dans une surface de vingt coudées sur vingt coudées et en son centre se tenait l'arche d'Alliance (voir 1 R, 6, 19-27). En outre, « il ne fait pas de doute que l'édifice était orienté suivant un axe est-ouest de sorte que le porche faisait face à l'est [27] ». Autrement dit, on retrouve dans la structuration du texte d'Élie les mêmes caractéristiques que dans le Temple de Jérusalem : le carré, l'orientation et, en outre, une prédilection accordée à l'est.

Dans ces conditions, on est amené à cette curieuse conclusion : le narrateur semble avoir construit son récit sur le modèle d'un sanctuaire. On est évidemment porté à y voir un reflet de celui que son public connaissait le mieux, le Temple de Salomon, mais les analogies qu'on trouve ailleurs invitent à la prudence ; d'autant plus qu'il serait artificiel d'écarter de sa composition les autres motifs (3 + 1) et (3 × 4) qui, eux, ne se retrouvent pas dans le Temple de Jérusalem. En fait, rien ne permet d'envisager cette architecture littéraire comme la réplique d'un sanctuaire existant mais il reste qu'elle réalise sur le plan de l'écrit un objet de même nature qu'un édifice sacré.

Quel rôle joue cette structure ? On pourrait être tenté d'attribuer une fonction purement esthétique à ces dispositions formelles. En effet, nous avons eu l'occasion de le souligner, l'auteur est un styliste ; il aurait donc pu trouver à décorer son texte par ces motifs géométriques un plaisir

---

26. Voir Aharoni 1971, sous « Arad ».
27. Voir Busink 1970, I, p. 252 s.

analogue à celui que lui procurait par exemple la mise en scène.

Il aurait ainsi déployé le même genre de virtuosité que les auteurs des poèmes bibliques dits alphabétiques[28]. En fait, c'est du calligramme que cette réalisation se rapproche le plus. Ce jeu rhétorique fut pratiqué par Apollinaire, bien sûr, mais aussi, bien avant lui, sous le nom de *carmen figuratum,* par les poètes latins médiévaux[29] ; ils le tenaient eux-mêmes de Porphyrius Optiatianus (préfet de Rome vers 350) mais selon P. Zumthor[30] il serait en fin de compte « issu de l'hellénisme tardif, créé peut-être par Théocrite ». Sans qu'on puisse évidemment établir la moindre filiation, le récit d'Élie constituerait l'ancêtre le plus anciennement attesté du calligramme.

Mais si cette structure géométrique n'était qu'un décor, c'est-à-dire un appareil purement formel encadrant le processus initiatique, cet élément du spectacle aurait été, par définition, rendu visible. Or, il faut bien avouer que le narrateur n'a rien fait pour faciliter la tâche : la division en quatre parties n'apparait qu'au prix d'un examen approfondi et l'association avec les points cardinaux, sans être opaque, n'est pas explicitement signalée ; quant à l'agencement en carré doué d'un centre, il n'est perçu que par réflexion car il ne peut guère être matérialisé par la disposition graphique (et encore moins phonique si l'on envisage le texte comme récité). Le sanctuaire formé par le récit a donc toutes les chances de passer

---

28. Voir Ps 119 et Lm 1—4.
29. Voir en particulier Raban Maur, au IXe siècle (voir Perrin 1989).
30. Zumthor 1975, p. 27 s.

inaperçu et, s'il se révèle, ce n'est que progressivement, par construction mentale. Autrement dit, le narrateur ne cherche pas à exhiber une belle construction littéraire et, si elle joue un rôle esthétique, cela ne peut être que de surcroit. Il faut donc chercher ailleurs le rôle principal. On le découvrira sans doute si l'on tient compte de deux considérations.

D'abord, qu'ils soient lecteurs ou auditeurs, tous les destinataires du narrateur connaissaient nécessairement ce que contenait le saint des saints de Jérusalem en son centre : l'arche d'Alliance où se trouvaient « les deux tables de pierre que Moïse y déposa à l'Horeb, lorsque Yahvé fit alliance avec les fils d'Israel » (1 R 8—9). S'ils deviennent conscients que le récit qui leur est proposé présente la forme d'un sanctuaire, ils ne pourront pas ne pas établir une comparaison avec celui dont ils ont tant entendu parler. Et ils ne pourront pas non plus ne pas constater que le centre de ce nouveau sanctuaire n'est plus occupé par l'arche et par les tables. Il n'y règne que le silence — *qol demama daqqa.* On ne peut pas plus catégoriquement ni plus subtilement anéantir le mosaïsme. Mais, cette fois, on le fait implicitement, par un parcours du sanctuaire symbolique.

Ensuite, ces mêmes destinataires ne peuvent pas non plus ne pas observer que le Temple de Jérusalem est un édifice somptueux mais aussi complexe, puisque le saint des saints est entouré par un portique, des chambres latérales sur plusieurs étages et une « maison ». Au contraire, d'une part, l'édifice perceptible dans notre récit est réduit à sa plus simple expression, c'est-à-dire à ce qui correspond à la partie la plus importante du temple, le sanctuaire, et, d'autre part, rien dans le style ne rappelle la somptuosité de la construction hiérosolymitaine : au contraire, nous avons vu que le narrateur cultivait le dépouillement et l'austérité. Tout se passe donc comme si le destinataire était convié par une démarche en quelque sorte cistercienne ou protestante à valoriser l'essentiel dans le sacré et à mépriser les fioritures.

On peut même penser que la leçon est encore plus radicale : en effet, le lecteur est entrainé dans un sanctuaire mental où il lui est donné de découvrir la vraie voie et dans le centre duquel l'essence profonde du divin est révélée. Par là même, il est dispensé de visiter tout autre sanctuaire. Le texte est devenu le Sanctuaire par excellence mais il ne le devient que si l'interlocuteur le construit ; autrement dit, le seul véritable temple relève d'une construction mentale, c'est-à-dire d'une démarche intérieure, celle du pur mystique qui, pour reprendre les termes de Van der Leeuw [31], « ne peut attacher la foi à aucun lieu sacré particulier ; elle reporte tout le salut au-dedans, dans le sanctuaire le plus intime, c'est-à-dire au fond du cœur ». Tout sanctuaire de pierre est donc aboli, comme chez Al-Hallag qui affirmait que le croyant pouvait accomplir le pèlerinage dans sa chambre [32] ou, encore plus précisément, comme dans la Jérusalem nouvelle (Apocalypse de Jean 21) qui est aussi, rappelons-le, un espace sacré, lui aussi de forme carrée et orienté suivant les points cardinaux, mais dont la partie la plus sacrée, qui devrait être le Temple, est vide :

---

31. 1955, p. 394.
32. Voir Massignon 1975, p. 227, 348.

Mais de temple, je n'en vis point dans la cité,
car son temple, c'est le Seigneur, le Dieu Tout-
Puissant ainsi que l'agneau (Ap 21, 22)

Cette démarche est rigoureusement parallèle à l'intériorisation du sacrifice signalée page 101, en sorte que nous assistons là à l'émergence d'une spiritualité sans lieu sacré et sans édifice(s), donc sans culte, sans cérémonies, sans sacrifices et sans clergé.

Tout cela signifierait donc que la construction géométrique qu'on devine dans le cycle d'Élie ne serait pas une simple décoration mais contribuerait à l'expression du message lui-même. Cette interprétation se trouve confirmée par le fait que, dans trois autres cas au moins, les éléments du décor peuvent de même participer à l'enseignement de la doctrine.

Nous avons vu que chaque moment crucial du récit était associé à un point cardinal et que l'est se trouvait privilégié puisqu'il se rapporte à l'apothéose du prophète. Mais nous avons aussi remarqué (p. 142) que chaque moment et donc chaque point cardinal correspond à une forme de relief suivant le rythme récurrent (3 + 1) : les trois premiers se situent sur une montagne (Carmel, Horeb, une montagne anonyme du Nord) et le quatrième, celui de l'apothéose, dans une vallée — et pas n'importe laquelle —, la vallée du Jourdain, la plus profonde que pouvait connaitre le narrateur[33]. C'est donc non pas dans les lieux élevés mais dans le lieu le plus bas qu'Élie est monté le plus haut. Or,

---

33. Et, en fait, la plus profonde du monde tout court.

précisément, l'itinéraire spirituel d'Élie consiste à trouver sa plus grande réalisation par son plus grand abaissement : ainsi le relief exprime symboliquement la même idée. Et, comme pour bien souligner que le parallélisme n'est pas fortuit, le narrateur ne se contente pas de signaler que l'apothéose s'est produite près du Jourdain ; il décrit pas à pas et au ralenti, comme pour y braquer le projecteur, chacune des étapes de la descente, de Guilgal à Béthel, de Béthel à Jéricho et de Jéricho au Jourdain (voir 2 R 2).

Simultanément, on observera que l'agencement de l'itinéraire spirituel par rapport aux points cardinaux n'est pas fortuit lui non plus : la première partie se situe à l'ouest (Carmel), la deuxième au sud (Horeb), la troisième au nord et la quatrième à l'est. Or, un mouvement s'effectuant en fonction des points cardinaux ne peut pas ne pas évoquer au moins implicitement celui du soleil ; par là même devient significatif le fait que celui d'Élie se réalise dans le sens inverse : d'ouest en est *mais en passant par le sud* (le parcours « normal » aurait pu être O-N-E) et se trouve compliqué d'un crochet par le nord (le parcours régressif simple aurait pu être O-S-E). Or, le moteur de la doctrine élianique est justement constitué par la démarche du *retour* — que ce soit de façon ponctuelle et en quelque sorte en mineur le retour du repentir comme dans le cas d'Achab (1 R 21, 27 s.), ou du troisième capitaine (2 R 1, 13), ou que ce soit de façon absolue le retour de l'adulte vers la simplicité enfantine (voir l'identification à l'enfant Ismael) qui débouche sur la régénérescence. Il n'est peut-être donc pas indifférent que le prophète ait accédé à l'immortalité dans l'orient où le soleil parait dans son enfance — et dans

la région où lui-même est né, c'est-à-dire la Trans-jorda-
nie [34].

Enfin, nous avons déjà signalé que le narrateur ne se
préoccupe guère de pittoresque ; par là même les quelques
éléments de paysage qui interviennent n'en ressortent que
davantage, d'autant plus qu'ils sont bien typés puiqu'ils
sont *tous* en relation très directe avec les quatre éléments :

la terre : représentée dans chaque partie du récit par les
montagnes et en 1 R 19 par le désert et la caverne ;

le feu : il apparait deux fois dans l'épisode du Carmel (il
consume l'holocauste ; il est présent implicitement dans
l'orage qui éclate ; voir 1 R 18, 41). Il réapparait en 2 R 1 pour
châtier les brigades qui pourchassent Élie et enfin, en 2 R 2,
sous forme de char qui emporte Élie vers l'immortalité ;

l'air : il n'est mentionné qu'implicitement lorsque Élie
s'élève dans les airs et, en quelque sorte, s'y dissout ;

l'eau : représentée par la pluie suscitée par Élie (en fin
de 1 R 18) et par les cours d'eau (Kerith : 1 R 17, 3 et
Jourdain : 2 R 2, 7) mais aussi, implicitement, par le puits
figurant dans l'histoire d'Hagar et Ismael (Gn 21, 19)
évoquée en filigrane dans l'épisode du genêt : 1 19, 4 ; voir
p. 53 s.).

Il se peut que ce jeu des éléments ne soit pas totalement
fortuit si l'on observe les faits suivants.

D'une part, les deux illuminations suprêmes du prophète, celle de l'Horeb et celle du Jourdain, sont associées
l'une à un puits, l'autre à un fleuve, c'est-à-dire, dans les
deux cas, à l'eau qui sourd de la terre spontanément. Au
contraire, lorsque ce type d'eau est absent, Élie se trouve

---

34. Voir 1 R 17 1, où il est précisé qu'Élie est originaire de Galaad.

en position d'échec : le succès du Carmel, qui tourne à la catastrophe, est en relation d'abord avec la sècheresse (absence complète d'eau) puis avec la pluie venant du *ciel*. Il échappe à l'échec en renversant la situation (retour à la sècheresse du désert et découverte du puits d'Ismael). De même, après la révélation interrompue de l'Horeb, il séjourne dans les montagnes, donc dans un élément purement terrestre, mais cette sorte de purgatoire cessera lorsqu'il descendra vers l'eau courante du Jourdain.

D'autre part, la révélation de l'Horeb n'est qu'un demi-succès par rapport à l'apothéose du Jourdain précisément parce qu'elle est interrompue. Or, nous avons vu qu'elle était accompagnée de trois phénomènes physiques : la tempête qu'on peut associer à l'air, le séisme lié à la terre et le feu qui est lui-même un élément ; mais, ici, l'élément eau, présent au *début* de l'épisode sous la forme allusive du puits, disparait et cette disparition coïncide avec l'interruption de l'extase.

Tout se passerait donc comme si l'accomplissement spirituel s'accompagnait d'une sorte d'alchimie des éléments : Élie parvient à l'immortalité en étant entrainé de la terre vers les airs par la force du feu après être descendu vers l'eau du fleuve. Autrement dit, il se réaliserait ainsi une mutation de l'état solide à l'état aérien, la métamorphose n'étant possible que si les trois éléments terre, feu et eau étaient présents et si cette eau procédait de la terre et non de l'air ou du feu.

Ce n'est peut-être pas faire preuve d'une imagination débridée que de reconnaitre un parallélisme entre cet usage des éléments et la doctrine élianique : l'*air*, qui est privilégié, est le plus discret des éléments puisqu'il est invisible ; il s'associe donc très harmonieusement avec la réalisation suprême de la doctrine : la dissolution du moi dans le silence. D'autre part, cette dissolution définitive se fait par élévation, c'est-à-dire en quittant la *terre* essentiellement représentée ici par les montagnes dont nous avons vu plus haut qu'elles sont en relation avec l'orgueil (voir p. 152). Pour que le processus réussisse, il faut le *feu* qui correspond — la métaphore est transparente — à l'ardeur nécessaire au mystique. Il faut aussi l'*eau,* mais l'eau issue de la terre, non celle qui vient du ciel ; non celle du haut, mais celle du bas, forme fluide qui symboliserait bien l'exigence d'humilité ; son contact intime avec la terre la fait apparaître comme une métamorphose de cet élément, ici symbole d'orgueil : la dureté et la rigidité donnent naissance à une réalité nouvelle plus simple et plus subtile, de même que l'ascèse engendre un homme nouveau au moi dissout.

Ces rapprochements doivent d'autant plus être pris en considération que, d'une part, les éléments sont organisés suivant la structure (3 + 1) puisqu'un élément, l'air, s'oppose aux trois autres en ce qu'il est à la fois invisible et valorisé. Or, nous avons déjà observé que cette structure était exploitée de façon récurrente par le narrateur. Plus particulièrement, on peut remarquer que le jeu des éléments s'intègre fort logiquement dans le tableau suivant :

	ORIENT	RELIEF	ÉLÉMENTS	VALORISATION
1re partie	O	mont Carmel		moins
2e partie	S	mont Horeb	terre,	moins
3e partie	N	mont de la retraite	eau, feu	moins
4e partie	E	vallée	air	plus

N.B. — Il ne parait cependant pas possible d'établir une correspondance entre chacun des éléments et chacun des orients ou des montagnes.

D'autre part, on retrouve comme en écho ce jeu des éléments structurés (3 + 1) dans un domaine différent de celui du paysage, celui de l'alimentation — étant entendu qu'ici l'élément « terre » est représenté par un « aliment solide » et le feu par la cuisson. Il apparait en effet que, lorsque les trois éléments sont présents, intervient aussi un accomplissement dans le domaine spirituel et, lorsque l'un d'eux manque, on assiste à un échec ; ainsi, au début du récit, on voit qu'Élie est nourri de pain (« solide » et « cuisson ») et boit de l'eau du torrent ; mais la malédiction qu'il a prononcée se retourne contre lui : l'eau disparait et il se trouve en situation ridicule. Au contraire, dans l'épisode de la veuve de Sarepta, il reçoit d'abord de l'eau puis du pain et il réalise alors un miracle. De même, dans le désert de Beer-Sheba, l'ange lui donne du pain et de l'eau et, cette fois, c'est Élie qui est bénéficiaire du miracle.

Même jeu dans un domaine lié à celui de l'alimentation, celui du sacrifice : les prophètes de Baal sacrifient un taureau (« solide ») et ne font rien d'autre que prier. Au contraire, Élie après avoir sacrifié un taureau prend la précaution de verser de l'eau ; la prière devient alors efficace : le feu s'abat et le miracle est réalisé ; l'eau, le feu, le solide et le spirituel sont alors présents. Les trois premiers sont visibles, le quatrième est invisible et valorisé — très exactement comme dans le cas des éléments.

Ce jeu des éléments parait voulu. En effet, dans l'épisode

de la veuve, le processus de cuisson du pain est fortement souligné puisqu'on mentionne deux fois le fait que la femme ramasse du bois (pour allumer le feu : voir 1 R 17, 10.12) alors que ce détail ne présente guère d'intérêt pour l'intrigue ; on pourrait faire la même remarque à propos de la galette que l'ange apporte au prophète : il est signalé que c'est une *ᶜugat reṣapim,* c'est-à-dire une « galette (cuite-sur) des charbons ardents » — précision apparemment inutile car l'indication « galette » (*ᶜuga*) aurait suffi ; de même, dans l'épisode du Carmel, il importait peu que ne soit pas précisé que le prophète a fait usage de l'eau pour réaliser son sacrifice : l'essentiel n'est-il pas que Yahvé répond à sa prière alors que Baal reste muet ? Mais le narrateur tient si fort à mentionner l'eau qu'il braque longuement le projecteur sur ce détail : « Remplissez d'eau quatre cruches et versez-les sur l'holocauste et sur le bois » ; et d'insister : « faites-le une seconde fois. Et ils le firent une seconde fois ». Il dit : « faites-le une troisième fois. Et ils le firent une troisième fois ». Et d'ajouter : « L'eau coula autour de l'autel et l'on remplit aussi d'eau le fossé » (1 R 18, 34-35). Autrement dit, le narrateur fait effort pour que, dans tous ces cas où l'alimentation coïncide avec un miracle, la présence des trois éléments « solide », « eau » et « feu » apparaisse de la façon la plus explicite.

Enfin, cet intérêt pour ce type de réalité ne doit aucunement surprendre dans un ouvrage mystique. C'est un fait bien connu que les mystiques se sont fréquemment préoccupés des éléments, de leur hiérarchisation et de leur mutation — que ce soit dans le monde chinois (voir le traité taoïste du *Hong-fan*), hindou (yoga) ou grec (Pythagore) ; l'alchimie est une réflexion de même ordre. Cela ne signifie pas qu'on doive imaginer on ne sait quelle relation avec ces courants de pensée mais simplement qu'une même disposition d'esprit peut engendrer des préoccupations analogues.

On constate donc que ni les constituants du décor, que ce soit le relief, les points cardinaux ou les éléments, ni la composition du texte, avec son architecture élaborée et son jeu de structures récurrentes, ne peuvent être considérés comme des accessoires esthétiques ou anecdotiques.

LA PARTICIPATION À L'INITIATION

Jusqu'ici, nous avons vu que l'histoire d'Élie se présentait non seulement comme la description d'une initiation mais aussi comme l'exposé sous forme symbolique de la doctrine relative à cette initiation. Mais il se pourrait qu'il soit plus qu'un manuel ou une *imitatio*. En effet, l'examen stylistique du texte fait apparaitre un fait curieux : on se souvient qu'une des grandes leçons de ce récit est qu'on trouve Dieu si on le cherche et cela grâce à une méthode, c'est-à-dire, en fin de compte, à une éducation du système nerveux et, plus précisément, de l'attention. Or, s'il ressort du texte que cet entrainement doit être pratiqué, il apparait que ce texte est lui-même *aussi* une introduction à cet entrainement dans la mesure où il exerce une certaine forme d'attention par trois procédés stylistiques.

L'économie des moyens

Nous avons vu que le narrateur exprime le maximum d'informations avec le minimum de mots ; chacun porte et doit donc être médité. Ainsi, s'il est dit qu'Élie laisse son serviteur à Beer-Sheba, il faudra savoir en induire, d'une part, qu'il décide de s'engager seul dans le désert donc, en fin de compte, mettre sa vie en jeu ; d'autre part que, contrairement à celle de Moïse, la révélation n'a pas d'autres témoins qu'Élie. Il faudra, bien sûr, aussi veiller à ne pas considérer la mention de Beer-Sheba comme futile (voir p. 60) et savoir apprécier les subtilités grammaticales comme l'usage de la phrase nominale qui situe dans l'éternel d'emblée mais à condition d'y prêter attention (p. 82) ou encore la présence ou l'absence d'un sujet animé en relation avec la nature de l'expérience mystique (cf. p. 34). Le destinataire doit donc constamment rester aux aguets, d'autant plus que le narrateur pousse parfois ce principe d'économie jusqu'à l'hermétisme. Ainsi, la mention du genêt au chapitre 19 (1 R), sans aucun commentaire, contient tout à la fois l'allusion à l'histoire d'Hagar et d'Ismael, l'identification entre Élie et Ismael, le suicide d'Élie qui est aussi, sur le plan initiatique, une descente au monde de la mort qui permettra sa métamorphose ; bien entendu, on observe le même souci d'économie dans la formule *qol demama daqqa* dont l'explication a demandé un chapitre entier. Mais on le trouverait aussi dans le parallélisme avec la théophanie mosaïque suggérée par quelques mots ou quelques images mais jamais de façon explicite et sans que le nom de Moïse soit jamais prononcé. Ou encore dans la mention apparemment fortuite de

l'heure dans l'épisode du Carmel (1 R 18) : en effet,
puisqu'on dit qu'il est midi au verset 27, tout ce qui suit
aura lieu dans l'après-midi et le triomphe final d'Élie se
situera dans la soirée, donc lorsque le soleil se couche
(information qui, nous l'avons vu, devient intéressante
lorsqu'on prend conscience de la présence des points
cardinaux dans le texte).

Autre exemple : au chapitre 19, verset 13, il est dit que,
lorsqu'il prit conscience du silence subtil *(qol demama
daqqa),* Élie « s'enveloppa le visage de son manteau, il
sortit et se tint à l'entrée de la caverne ». Cela signifie que
le prophète se trouvait donc dans la caverne (v. 9) puis que
Dieu lui dit d'en sortir et de se tenir dans la montagne
(v. 11). Aucune autre indication n'est fournie, ce qui
permet de conclure que la révélation a eu lieu à l'extérieur
de la caverne. Puisque Élie se trouve hors de la caverne,
comment peut-il en sortir ? On suppose que le prophète
n'a pas obéi tout de suite à l'injonction de Dieu [35] — ce qui
n'est guère concevable — ou que le passage est interpolé [36] — solution désespérée. Or, ces deux interprétations
sont construites à partir de l'idée que *qol demama daqqa*
se réfère au murmure d'une brise et que la théophanie de
l'Horeb est en fin de compte un spectacle. Mais nous avons
vu que cette conception est condamnable et que ce qu'on
nomme la théophanie se rapporte à une expérience intérieure — une extase. Élie a donc quitté le monde profane
de la distinction sujet-objet pour accéder au monde sacré
où le moi se fond dans le divin. Mais au début du verset 13,

---

35. Dhorme 1956, p. 1116.
36. Voir par exemple de Vaux 1958, p. 67a.

lorsqu'il perçoit et lorsqu'il adore, il redevient sujet et le
divin redevient objet. Élie retourne au profane. Donc il
quitte le monde sacré : il en *sort*. Le texte ne dit rien
d'autre. Si on lit en tenant compte du contexte et si on se
rappelle que le narrateur cultive l'économie des moyens
d'expression, on se rend compte qu'il a voulu dire que le
prophète était d'abord sorti de la caverne sur l'ordre de
Dieu, puis, qu'il a connu la révélation suprême — et cela
toujours à l'extérieur de la caverne — sous forme d'extase
et enfin que cette extase s'est interrompue : il est alors *sorti
de cet état mental* mais sans avoir bougé : il se retrouve
donc là où il était lorsque Dieu l'a interpelé, c'est-à-dire à
l'entrée de la caverne. On voit donc que le récit reste
parfaitement cohérent et que — ici encore — il est inutile
d'envisager des corrections ou des interpolations. Mais,
bien entendu, l'accès à cette cohérence n'est ouvert que si
l'on a sauté deux obstacles ici combinés : l'interprétation
délicate de la théophanie et l'ambigüité de la formule « il
sortit » due à l'extrême concision.

Cet usage du langage correspond à une ascèse : entraî-
nant à pratiquer l'économie au profit de la densité, c'est
l'équivalent intellectuel de la tempérance et du jeûne ;
s'appliquant à des détails insolites, elle dresse à ne pas
privilégier le sensationnel mais à prêter attention à tout, à
savoir qu'elle tend à développer une vigilance totale ;
obligeant à la concentration, c'est un antidote à l'ennemi
principal de toute méditation mystique : l'inattention,
qu'elle soit sommeil ou association incontrôlée des idées
— ce que le bouddhisme nomme le « singe fou » — c'est-
à-dire, en fin de compte, cette immaturité spirituelle qui,
sur l'Horeb, a fait glisser Élie hors de l'extase. La valorisa-

tion du non-dit préfigure le moment suprême qui est attention au silence : *qol demama daqqa.*

La « rétrolecture »

Une autre forme de discipline est proposée par une contrainte fort originale dont le meilleur exemple se trouve au chapitre 19 (1 R). Aux versets 1 et 2, on apprend que Jézabel menace le prophète ; au verset 3, sans transition, il apparait qu'Élie « voyant cela, se leva et s'en alla pour sauver sa vie » ; nous avions signalé que cette présentation des faits le ridiculisait alors qu'une explication aurait pu le justifier. Or, cette explication est en fait donnée par le prophète lui-même mais *seulement au verset 10* : « Les enfants d'Israel ont abandonné ton alliance, ils ont renversé tes autels, etc. » Le lecteur alors, s'il est attentif, sera amené à revenir en arrière et à reconstruire l'enchainement des faits.

Un autre exemple de ce type de contrainte serait fourni par l'indication qu'Élie se moque des prophètes de Baal à midi (1 R 18, 27). Nous avons vu dans le paragraphe précédent que ce détail permet par déduction d'associer en fin de compte au soleil couchant l'ensemble du passage et par là même de compléter le parallélisme entre la situation existentielle d'Élie et la course du soleil (voir p. 146). Mais ce parallélisme n'est pas signalé explicitement par l'auteur. On ne peut au mieux le découvrir que lorsqu'on a fini de lire le récit tout entier, c'est-à-dire lorsqu'on a appris que chacune de ses parties pouvait correspondre à un parallé- lisme de ce genre. C'est seulement alors que se révèle l'importance du mot *midi* qui, à première lecture, pouvait paraitre comme un détail inutile ou ne servant tout au plus qu'à donner une impression de véracité.

Autres exemples :

Tout au début du texte (1 R 17, 1), on voit Élie frapper le pays d'une terrible sécheresse ; nous savons bien sûr pourquoi parce que nous avons lu la Bible, mais, si l'on envisage le texte comme il a été écrit — donc en soi —, cette mesure fait l'effet d'un caprice car la raison du châtiment n'est exposée que bien plus tard : en 1 R 18, 18.

Au chapitre 17 (1 R), Élie se présente à la veuve de Sarepta comme un homme de Dieu et lui promet des miracles. Elle l'accueille comme on sait et rien n'indique qu'elle ne le croit pas. C'est seulement en fin de chapitre (v. 24), après le miracle relatif à son fils, qu'on l'entend dire : « À présent, je reconnais que tu es un homme de Dieu » — ce qui signifie implicitement qu'elle en a douté et que pourtant sa charité n'en a pas été altérée. Ainsi, en progressant dans le chapitre, le lecteur avait admiré sa conduite mais ce verset final l'amène à faire un retour en arrière et à se dire que cette femme est encore plus admirable qu'il ne l'avait d'abord cru.

De même au chapitre 19 (1 R), c'est lorsque nous découvrons que la formule *qol demama daqqa* se réfère à une expérience intérieure qu'on en vient (comme nous l'avons fait p. 31 s.) à reconsidérer la nature des phénomènes spectaculaires qui précèdent.

La même démarche s'applique encore à la question de 1 R 19, 9 : « Qu'y a-t-il pour toi ici, Élie ? » reprise telle quelle en 1 R 19, 13. En effet, la question a été prononcée pour la seconde fois au moment où s'interrompait l'extase — c'est-à-dire lorsque cesse la phase de fusion entre la personne d'Élie et Dieu : à ce retour au moi correspond un retour au nom, symbole du moi par excellence. Et, par contrecoup, cette opposition entre moi et non-moi peut en quelque sorte rétroactivement s'appliquer à la première question de sorte que les phases psychologiques que traverse le prophète se trouvent clairement définies :

phase préextatique :
le moi (et le nom) est encore présent ; Élie est Élie ;
phase extatique :
le moi se fond en Dieu ; Élie n'est plus Élie ;
phase de distraction :
le moi, et le nom, réapparaissent ; Élie est de nouveau Élie.
Cela signifie qu'à première lecture la mention du prénom parait insignifiante : c'est un retour en arrière qui lui donne tout son sens.

De même encore, rappelons que dans le même chapitre 19 l'ange est d'abord présenté comme un *mal'ak* qui pourrait n'être qu'un messager (v. 5) et c'est seulement deux versets plus loin qu'on apprend qu'il est envoyé par Yahvé et qu'il s'agit donc bien d'un ange (voir p. 62).

Autre exemple : nous avons signalé plus haut l'importance considérable de la mention du genêt dans ce chapitre 19. Mais ce qui lui assigne cette importance c'est, en dernière analyse, son caractère insolite : dans un texte où auraient figuré de nombreux noms de plantes ou même des traits descriptifs relatifs à la couleur locale, le nom du genêt serait passé inaperçu : il ne frappe que parce que l'ensemble du récit est totalement dénué de pittoresque. Mais de cela on ne s'aperçoit que lorsqu'on a achevé de lire cet ensemble : l'aridité de tout ce qui précède ne suffisait pas pour se former un jugement car l'introduction de quelques autres noms de plantes dans les versets suivants aurait fort bien pu banaliser celui du genêt.

Dans certains cas, ce type de lecture qu'on pourrait nommer « rétrolecture » (ou « lecture régressive ») exige du lecteur une gymnastique qui s'apparente à l'acrobatie. Ainsi, nous avons vu plus haut que l'importance et la nature de la halte à Beer-Sheba (1 R 19, 3) n'apparait pas à première lecture : il faut attendre le verset suivant où justement la mention du genêt permet, lorsqu'on a pris conscience de sa signification, de comprendre que Beer-Sheba ne constitue pas une étape quelconque dans l'itinéraire d'Élie. On découvre donc ici un neuvième cas de rétrolecture ; or, elle est conditionnée par l'interprétation du genêt qui ne se réalise elle-même, nous l'avons vu, que par rétrolecture : autrement dit, nous avons affaire à une rétrolecture au deuxième degré.

Cette curieuse façon de présenter les faits se manifeste au moins neuf fois : pour un récit aussi bref, cela ne peut résulter du hasard. Maladresses du narrateur ? Certes, tout instituteur sanctionnerait un élève qui se permettrait une telle désinvolture, mais nous avons appris aussi que l'auteur sait construire un récit avec une minutie remarquable, ménager ses effets et peser ses mots. Nous avons donc affaire à un procédé. On ne peut guère lui attribuer de valeur esthétique ; en revanche, sa valeur didactique est évidente : bien entendu, comme les procédés signalés dans le paragraphe précédent, elle oblige à pratiquer l'analyse et la synthèse et par là même cultive les facultés d'attention ; mais, en même temps, elle brise les automatismes ; en effet, puisqu'un détail apparemment futile peut recéler l'essentiel et qu'une réalité qu'on croyait banale peut se métamorphoser, celui qui est soumis à ce type d'entrainement en vient à douter systématiquement de toute première impression : ce que je vois n'est peut-être pas ce que je vois et si je crois comprendre c'est peut-être une illusion.

La rétrolecture ne fait donc pas que cultiver l'attention, elle apprend aussi que l'attention doit se défier de l'objet auquel elle s'applique. Pulvérisant les certitudes, elle exerce une fonction subversive ; elle met en question les évidences sensorielles autant que les données de l'autorité — c'est-à-dire, en dernière analyse, ce qui aboutit à la construction du moi. Elle est sur le plan intellectuel ce qu'est sur le plan de la morale la *teshuba*[37], littéralement le retour (sur soi), le repentir — celui-là même qui vaudra à Achab l'atténuation de sa peine après l'assassinat de Nabot. Comme la *teshuba,* la rétrolecture abaisse le moi — le moi qui est précisément l'obstacle majeur à la non-dualité de l'extase.

La simplicité

Enfin, dans sa forme, le récit dispense un enseignement fort important puisque toute l'œuvre lui est soumise. En

---

37. En hébreu, littéralement « retour » (voir le verbe *heshib,* « revenir »). En hébreu biblique, le verbe comporte aussi le sens de « revenir à Dieu », « se repentir » (voir Os 12, 7, etc.) ; cette acception n'est attestée pour le nom qu'à l'époque talmudique.

effet, il est tout entier formé d'un assemblage d'anecdotes plus ou moins merveilleuses racontées de façon simple et vivante et il s'apparente donc au genre du conte. Ainsi est affirmé le refus de la théorisation et du discursif.

C'est que si la doctrine implique peut-être des positions théologiques et philosophiques, elle refuse de se poser en théologie ou en philosophie parce qu'elle est avant tout expérience concrète et que cette expérience dans sa réalisation la plus parfaite suppose le silence en soi et par conséquent le silence de l'intellect. Cela ne signifie pas que l'intellect soit méprisé et nous avons vu qu'il était soumis par le narrateur à une gymnastique parfois acrobatique mais, nous l'avons aussi observé, cette gymnastique ne vise qu'à signaler l'importance de la concentration, éventuellement à fournir un entrainement, mais jamais à définir et à spéculer. L'essentiel n'est pas d'être savant en matière de sacré mais de vivre le sacré.

D'autre part, ne l'oublions pas, le conte est le plus souvent une forme de littérature populaire et éventuellement enfantine, et nous avons noté que le récit d'Élie est conforme à cette définition. Puisque le narrateur cache son message dans sa trame, le destinataire ne peut l'appréhender qu'en prenant connaissance de cette trame, c'est-à-dire qu'il n'accède au mystique que par le populaire.

Or, ce passage obligé par le conte pourrait bien lui aussi contribuer au progrès spirituel du lecteur. En effet, d'abord, ce retour à la simplicité est une invitation à renoncer au prestige social et fait écho à la première démarche de la mystique élianique : la voie vers l'illumination s'ouvre à Élie lorsque, laissant son serviteur à Beer-Sheba, il perd ainsi son statut de maitre puis s'identifie à un enfant, Ismael. En outre, il oppose un antidote à la prétention spirituelle, tentation bien connue des mystiques : le novice ne doit pas nier en lui l'homme simple et poser à l'ascète, avertissement qui fait pendant au premier commandement que reçoit le prophète de prendre soin de son corps : « Lève toi et mange ! » (voir p. 112 s.). La leçon est claire : le disciple doit certes cultiver sa puissance d'attention comme l'enseignent les procédés examinés dans les sections précédentes mais dans l'esprit général de la doctrine, c'est-à-dire le dépouillement du moi et l'expérience directe.

On voit que l'intention de l'auteur n'est pas seulement d'exposer des idées ni d'essayer de convaincre par une dialectique habile ou séduisante. Par le maniement et la distribution des mots, des paragraphes, des thèmes et des images, il entraine le lecteur attentif dans le processus mystique et, ainsi, se trouve confirmé le rôle de sanctuaire attribué plus haut à la construction géométrique du récit. La forme elle-même du texte est donc chargée de signification ; c'est en soi un message qui double celui du langage linéaire. Alors que celui-ci raconte l'initiation sous forme d'apologue, la disposition même du texte crée simultanément un lieu d'initiation et amorce l'initiation elle-même. C'est un édifice géométrique abritant d'une part une galerie de symboles et d'apologues offerts au déchiffrement comme les vitraux ou les sculptures des églises, d'autre part un foisonnement d'énigmes qui introduisent le novice dans le labyrinthe initiatique en sorte que ce n'est pas, en définitive, l'édifice qui est secondaire au texte mais l'inverse.

Ce livre joue donc bien le rôle d'un sanctuaire ou de n'importe lequel de ces lieux qu'Eliade définit comme « centres du monde » — du monde mystique — comme les temples, les labyrinthes ou encore les *boras* australiens [38], étant entendu que l'« accès au Centre » équivaut à une consécration, à une « initiation [39] ».

Parmi tous ces lieux sacrés, celui dont le sanctuaire élianique se rapproche le plus est sans doute ce que les hindous appellent « mandala » qui est une superficie [...] où s'accomplit la révulsion dans l'autre plan et où on devient bouddha [40] ». S'y insérer, pour reprendre les termes d'Eliade [41] « équivaut à un rituel d'initiation » car, lorsque le novice se trouve au cœur du mandala, « il lui est possible d'opérer la rupture des niveaux et d'accéder à un mode d'être transcendental [42] ». Comme le mandala, le sanctuaire élianique est constitué par un carré où figure un centre. Comme lui, il est orienté en fonction des quatre points cardinaux. Comme lui, il s'inscrit dans un cercle. Comme lui, il est peuplé d'images symboliques et d'énigmes. Enfin, comme lui et seul avec lui, c'est un lieu sacré portatif et personnel sur lequel on peut méditer mais qu'on ne saurait parcourir : on n'y pénètre que par l'imagination.

Et parmi les mandalas, il en est un auquel le sanctuaire élianique s'apparente encore plus, c'est le « mandala mental » du tantrisme qui, exactement comme la construction du texte hébreu, est entièrement immatériel et réalisé

38. Eliade 1948, p. 186 et Eliade 1959, p. 230.
39. Eliade 1970, p. 320 s.
40. Tucci 1974, p. 88.
41. Eliade 1948, p. 187.
42. Eliade 1959, p. 230.

par l'imagination : il joue le rôle de support de la méditation et présente les mêmes caractéristiques que le mandala
extérieur [43].

Mais il reste que la construction élianique est rendue
absolument originale par deux traits : contrairement aux
autres lieux sacrés, elle est édifiée à partir d'une matière
purement verbale ; d'autre part, alors que les autres lieux
sacrés se donnent pour tels et habituellement de façon
ostensible, ici, nous l'avons vu, le sanctuaire passe
aisément inaperçu et parait même avoir été dissimulé.
En dernière analyse, on n'en retrouve la clé que lorsqu'on a pris conscience du sens de la formule *qol
demama daqqa*.

Or, rappelons-le, cette formule clé est remarquablement
obscure, non seulement parce qu'elle se réfère à une réalité
proprement indicible mais aussi parce que l'auteur ne fait
rien pour l'éclairer. Et, tant qu'elle n'est pas interprétée, le
reste de la doctrine demeure dans les ténèbres. Dans ces
conditions, on serait porté à définir le livre d'Élie comme
un ouvrage ésotérique ; le texte fournirait donc deux lectu-
res, l'une pour ceux qui savent lire, l'autre pour ceux qui
ne savent pas. Il appartiendrait donc non pas à la lignée
des ouvrages hermétiques comme le *Tao-te-king* ou les
pensées d'Héraclite qui ne présentent qu'un seul niveau,
celui de l'obscurité, mais plutôt à celle des contes initiatiques où, sous un récit anodin, se cache une doctrine. Avec
cette particularité piquante que le narrateur aurait ici choisi
de voiler le message profond sous la geste du merveilleux

---

43. Voir Eliade 1948, p. 187. *N.B.* — On en trouvera une description
détaillée chez Tucci 1974, p. 37-44.

héros mosaïque — alors que, précisément, le mosaïsme est combattu par la doctrine.

Mais, sous peine de contresens, cette interprétation doit être nuancée. En effet, première nuance, l'ésotérisme du livre d'Élie est fort relatif : la doctrine n'est certes pas étalée explicitement mais elle n'est pas cachée non plus systématiquement. En fait, des signaux sont même lancés au lecteur de bonne volonté. En effet, d'abord, même si l'on ne décryptait pas la formule clé dès le début, l'examen approfondi de chaque épisode de la vie d'Élie permettrait de proche en proche de reconstituer une bonne partie de la doctrine. En particulier, les détails mettant en relation le comportement d'Élie et celui de Moïse permettent à eux seuls de sentir qu'un contraste est voulu et orientent par là même la réflexion vers la signification possible de ce contraste.

Mais ce qui peut mettre aussi le lecteur en éveil, ce sont paradoxalement les incohérences du texte. Bien entendu, elles n'apparaissent qu'à une lecture attentive mais, précisément, la lecture attentive permet aussi d'apprécier le talent de l'auteur ; et, du coup, le contraste entre ce talent et les incohérences amène de façon naturelle le lecteur à penser qu'un tel écrivain ne peut manier l'incohérence qu'à dessein. L'incohérence alors prend sens et devient défi au même titre que les énigmes du Sphinx ou les *koans* du zen.

On ne peut donc guère parler d'ésotérisme ici mais d'une relative difficulté que l'auteur n'a pas voulu niveler pour des motifs pédagogiques ou, plus exactement, psychagogiques ; non seulement il ne peut tout exprimer dans une plate clarté parce que la réalité dont il parle n'est ni plate ni claire mais, en outre, puisque, nous l'avons vu, l'individu réalise seul son salut, la Réalité ne peut être donnée : elle doit être trouvée.

Aussi le maitre n'octroie-t-il pas l'initiation, il incite le novice à s'initier lui-même. Il se contente de tenir le sanctuaire sous les mots et sous les phrases à la disposition du lecteur de bonne volonté qui saura se faire maçon pour construire le palais sacré, il multiplie les coïncidences et les symboles, il propose des apologues et par une maïeutique abrupte il laisse le novice faire ainsi sa recherche.

Une seconde nuance peut être apportée : la différenciation entre la doctrine « cachée » et le récit « banal » pourrait faire imaginer une opposition élitiste entre une aristocratie qui comprend à mi-mot et un public borné dont on se moque d'autant mieux qu'on fait semblant de reprendre son langage. Il n'en est rien : d'abord, nous l'avons vu, si le mosaïsme est combattu par l'élianisme, il ne l'est que de façon relative. D'autre part, la composition de l'ouvrage est plus complexe qu'il n'y parait car c'est en fait quatre niveaux de lecture et non deux qu'il comporte.

En effet, le récit « banal » comporte un double éclairage. C'est, bien sûr, un récit édifiant à la gloire du mosaïsme mais c'est aussi tout simplement un récit et un récit envisagé en soi, qu'on raconte pour le plaisir de raconter, où le merveilleux, la mise en scène, le suspense, les personnages hauts en couleur ravissent le lecteur — et probablement aussi le narrateur — en dehors de toute préoccupation idéologique et où le message yahviste peut être d'autant mieux mis au second plan que le narrateur a l'habileté de ne *jamais* introduire de commentaire moralisateur. À ces deux niveaux — en quelque sorte profanes —

s'ajoute bien entendu le troisième niveau de la doctrine cachée. Mais ce dernier lui-même se subdivise en deux ; dans le passage principal du récit, la théophanie, Dieu est défini d'abord négativement par trois formules à *deux* termes :

(il y a) de la tempête .   Dieu n'est pas dans la tempête ;
        un séisme   . . .   Dieu n'est pas dans le séisme ;
        du feu . . . . . .   Dieu n'est pas dans le feu.

Puis, positivement, par une formule qui ne comporte qu'*un seul* terme :

le son d'un silence ténu [...]

Nous avons vu plus haut (p. 35) que l'absence de second terme était hautement significative par suite d'un effet de ritournelle. En fait, le second terme existe bel et bien mais il est matérialisé par un silence qui n'est pas néant, puisqu'il signale rien de moins que la présence de Dieu. Or, Dieu vient justement d'être défini comme « le son d'un silence fin ». Le silence ainsi engendré par la comptine introduit donc dans le texte sinon Dieu du moins quelque chose de Dieu. Il constitue par là même un élément radicalement différent de tous les autres éléments du texte : il débouche sur le Tout-Autre et forme à lui seul un des niveaux de ce texte, qui, malgré son extrême discrétion ou, conformément à la doctrine élianique, à cause de son extrême discrétion, est le plus impressionnant.

On voit donc que le livre s'organise en quatre niveaux correspondant à des destinataires différents :

les moins évolués ne percevront que le premier, celui du
récit merveilleux mené avec talent ;

au degré supérieur le lecteur, sans être indifférent au
charme du récit, saura y voir un message religieux (celui du
mosaïsme élémentaire) ;

le troisième degré sera ouvert à ceux qui savent dépas-
ser le conformisme religieux et s'engagent dans la voie
mystique ;

le quatrième degré, celui du Silence divin, est l'expression de l'Illumination [44].

Le quatrième niveau se distingue des trois autres, d'une
part, en ce qu'il est immatériel et, d'autre part, en ce qu'il
est le plus important puisque c'est celui auquel doivent
aboutir les trois autres. On reconnaît dans la composition
même du livre la structure (3 + 1) qui, nous l'avons vu, est
constamment mise en œuvre dans le texte.

Puisqu'il s'agit d'une structure, chacun de ses éléments
en est solidaire des autres. Ils ne s'opposent pas comme
le bien au mal mais se hiérarchisent comme se hiérar-
chise l'avancement dans la Voie. Chaque niveau correspond à un public et le narrateur tient à n'en exclure
aucun. À la limite, en effet, puisque la réalisation suprême est l'absorption dans le Silence divin et que, de
toute façon, cette expérience est, à la lettre, indicible, il

---

44. Ce quadruple mode de lecture n'est pas sans rappeler étrangement ce que l'herméneutique juive nommera bien plus tard les règles du
pardes. Ce mot d'origine persane (et d'où provient, par le grec, notre
« paradis ») signifie « verger » mais il se trouve aussi que ses consonnes
correspondent aux initiales des quatre modes d'appréhension du texte
sacré : *peshat* s'identifie à la compréhension littérale, *rémez* cherche une
leçon sous le sens littéral, *derash* une explication figurée et *sod* un sens
ésotérique.

aurait pu tout simplement se taire suivant l'adage de
Tchouang-tseu : « Ceux qui savent ne parlent pas et
ceux qui parlent ne savent pas. » Il aurait pu aussi
comme Lao-tseu dans son *Tao-te-king* ne s'adresser qu'à
l'intelligentsia pour essayer de modifier sa vision du
monde. Mais il a choisi de s'adresser aussi aux simples
en utilisant la forme populaire et enfantine du conte. Et
aucun de ces publics n'est négligé : pour parler aux
mystiques, il déploie une virtuosité et une subtilité hors
du commun mais, en même temps, il parle si bien à
l'Établissement religieux que le texte a pu passer pour
une petite épopée mosaïque et, même s'il se moque un
peu de l'Élie mosaïque, il le fait de façon si feutrée qu'on
le remarque à peine. Quant aux simples, il ne cesse de
les choyer non seulement parce qu'il consacre un soin
extrême à la technique narrative mais aussi parce qu'il
les met en scène abondamment et leur donne le beau
rôle. Tout se passe donc comme s'il voulait retenir
l'attention de tous les lecteurs quel que soit leur âge, leur
sexe, leur classe sociale ou leur formation intellectuelle.
    Certes l'enseignement qu'il dispense n'est ni immédia-
tement perceptible ni immédiatement intelligible, car il ne
procède pas de façon directive en énonçant raisonnements
et commandements mais de façon pour ainsi dire passive :
la doctrine s'offre à la découverte mais elle n'est pas
donnée. Cependant, nous l'avons noté, d'abord, l'enseignement ne recèle pas de secret mais seulement de la
difficulté : *a priori,* l'accès n'est interdit à personne et
chacun peut tenter sa chance. D'autre part, la latence de
la doctrine la révèle plus efficacement qu'un exposé explicite parce qu'en obligeant le destinataire à chercher, elle

le fait participer de l'intérieur et lui soulève ainsi le voile de l'initiation. Ce texte est donc essentiellement ouvert et, pourrait-on dire, démocratique ; il est aussi résolument aristocratique en ce qu'il propose sans concession et, peut être, sans illusion une Voie sublime. Mais il n'est pas ésotérique.

Nous sommes donc maintenant en mesure de définir le texte d'Élie : c'est un message mystique relatant l'expérience d'un homme qui a trouvé Dieu et veut le faire trouver. C'est aussi un objet sacré et sacralisant, sans doute le seul livre au monde où l'on ait intégré Dieu lui-même. Il s'adresse en principe à l'humanité entière, mais sa présentation difficile l'a rendu opaque, de sorte que la tradition n'a conservé que sa valeur profane.

CHAPITRE IV

JEUX

Petit à petit, nous avons vu se révéler un curieux objet, mi-livre, mi-sanctuaire ; nous l'avons décrit en tant qu'objet en soi en remarquant que sa teneur peu conformiste avait pu passer inaperçue grâce à une relative obscurité de l'expression. Peut-on aller plus loin et définir son auteur — ou ses auteurs —, situer ce courant de pensée et même en déterminer l'origine ? L'entreprise est désespérée car on ne dispose que d'indices infimes. On devra donc se transformer en Sherlock Holmes ou en Cuvier et, d'emblée, annoncer qu'on ne fera guère que planter très prudemment des jalons.

UN AUTEUR OU DES AUTEURS ?

Sur ce point — c'est sans doute l'un des seuls — on peut se montrer catégorique : une œuvre aussi structurée, aussi cohérente, aussi typée ne peut avoir été composée que par un seul homme. Non seulement le récit est animé par une même pensée mais sa forme reste constante d'un bout à l'autre : partout même usage de la litote, de la « rétrolecture », du calembour ; même usage de la structure (3 + 1) ; et surtout, bien entendu, l'ensemble est dominé par cette construction géométrique d'une rigueur implacable qui suppose à coup sûr un maitre d'œuvre unique.

Cela ne signifie pas que l'auteur a tout tiré de lui-même. Il se peut qu'il se soit fondé sur des récits écrits ou oraux de sources diverses et que dans ces sources il ait coupé, modifié, ajouté ; il se peut aussi qu'il ait inventé. Mais ce qui est sûr, c'est qu'il a travaillé seul et, s'il a utilisé des éléments extérieurs, il les a incorporés et les a si bien élaborés en fonction de son dessein qu'il serait dérisoire de s'essayer à distinguer dans son œuvre des strates de nature différente. Sa manière est si originale qu'on exclura même l'hypothèse d'une composition collégiale réalisée par ce que E. Jacob nomme une « personnalité corporative [1] ». Ainsi, le récit d'Élie se distingue radicalement de la plupart des autres livres de la Bible qui, presque toujours, sont composites.

Sachant qu'il est l'œuvre d'un seul homme, voyons à présent si le texte ne peut livrer quelque information sur lui.

C'est un maitre. Un maitre du langage et de la pensée, bien sûr, qu'il manie en esthète et presque en acrobate mais avec la rigueur et la concentration d'un mathématicien ; un homme instruit donc, un « intellectuel », peut-être un casuiste, et certainement d'une intelligence éblouissante, doué de l'esprit de finesse autant que de géométrie — mais aussi d'une forte personnalité : en effet, bien qu'il affirme l'autorité fondatrice d'Élie et que son œuvre, qui lui

---

1. 1967, p. 32 n.

est en quelque sorte dédiée, vise à pérenniser la doctrine et la gloire du prophète, à aucun moment il ne se montre écrasé par le Maitre : jamais de panégyrique, jamais de formule laudative comme on en trouve souvent chez les disciples, pas même une épithète ; il verse si peu dans l'hagiographie qu'il ne prend aucune précaution pour voiler les erreurs du prophète — il va même jusqu'à s'en moquer discrètement aux chapitres 17 et 18 (1 R). Il le juge en toute lucidité, plus comme un ami que comme un disciple. Sans qu'il cherche à s'imposer, puisqu'il reste anonyme, on le sent son égal.

C'est qu'il est lui aussi un maitre spirituel car non seulement il connait, bien entendu, la doctrine, ce qui signifie que l'expérience mystique n'est pour lui ni un vain mot ni une réalité connue de l'extérieur — c'est sans doute un vécu — mais surtout, en concevant cet étrange livre-sanctuaire, il est capable d'organiser l'initiation. C'est un initié et un initiateur, en mesure de transmettre tout le message d'Élie : c'est un second Élie.

Mais ce maitre du langage et de la spiritualité n'est pas enfermé dans son excellence, c'est aussi un conteur, c'est-à-dire un homme qui aime et sait parler à tous, un homme de contact, d'autant moins condescendant que sa doctrine est fondée sur le retour à la simplicité la plus absolue. Intelligence, spiritualité, ouverture aux plus simples comme aux plus évolués, l'héritier spirituel d'Élie devait jouir auprès de ses contemporains d'un charisme considérable et l'on pourrait sans doute l'imaginer entouré de disciples et de sympathisants.

Ainsi, de cet étrange petit livre voyons-nous se détacher à côté de la prestigieuse figure du prophète Élie celle d'un grand homme qui, malgré sa discrétion, fut peut-être son égal. Au point qu'on en vient à se demander si, après tout, Élie et son narrateur ne seraient pas une seule et même personne : Élie aurait écrit sa propre histoire ! Hypothèse d'école presque cocasse et même irrévérencieuse puisqu'elle supposerait que le prophète aurait forgé lui-même le récit de sa grandiose disparition... On ne peut s'attarder à cette supposition que par jeu car, bien sûr, la contradiction serait trop grande entre ce montage narcissique et la doctrine fondée sur l'effacement du moi : une telle voie interdit de tels moyens. D'autre part, psychologiquement, Élie est trop différent de son narrateur. En effet, le premier, on s'en souvient, est un fonceur, une force de la nature (rappelons son irruption stupéfiante au début du récit), un athlète qu'on voit courir devant le char du roi pendant trente kilomètres simplement pour exprimer sa joie, un meneur d'hommes qui n'hésite pas à se salir les mains lorsqu'il s'agit de massacrer les prophètes de Baal ; lorsqu'il parle c'est pour ordonner, pour châtier ou pour fouailler ; son style, c'est la véhémence (voir, en particulier, la longue exclamation, deux fois mentionnée : « J'ai brulé d'un zèle ardent pour le Dieu des Armées, etc. »). Le narrateur, au contraire, est un orfèvre à la subtilité presque perverse qui cultive avec raffinement la réserve, la litote, la nuance et l'humour : l'inverse même de l'exubérance d'Élie. Ce sont deux tempéraments radicalement antithétiques : deux hommes, donc, un Maitre et son disciple, chacun remarquable, mais certainement distincts.

DATE ET CIRCONSTANCES DE LA COMPOSITION

Sur ce point, on peut reprendre telles quelles les conclusions habituellement retenues : puisque l'on voit mentionné sans condamnation l'existence de sanctuaires de Yahvé hors de Jérusalem (voir 1 R 19, 10), c'est que le texte a été conçu avant la réforme centralisatrice de Josias (− 622) qui polarisait toute la vie religieuse autour du Temple de Jérusalem ; ensuite, puisque en 1 R 19, 3 l'auteur a jugé bon en parlant de Beer-Sheba de préciser « qui est à Juda », c'est qu'il écrivait à une époque où les deux royaumes d'Israel et de Juda existaient encore tous les deux − donc avant la chute de Samarie et l'annexion à l'Empire assyrien en − 722 ; enfin, puisque Élie a survécu au fils d'Achab, Ochosias, dont on fixe la mort aux environs de − 850, le livre d'Élie a dû être écrit entre cette date (en fait, au moins un peu après) et − 722. Le présent travail ne permet guère d'apporter qu'une précision supplémentaire à cette conclusion : puisque cette œuvre semble bien avoir été produite par un seul homme et que son texte nous est parvenu intégralement (sauf peut-être quelques détails), cette datation s'applique à l'*ensemble* du texte − alors que la critique traditionnelle, tout en admettant les indications chronologiques ci-dessus, pouvait toujours envisager certaines parties comme des ajouts postérieurs (voir par exemple Fohrer 1957).

Peut-on préciser davantage ? Certes, on serait tenté d'envisager une date relativement tardive car le texte est composé d'une série de récits probablement légendaires ; or, on pourrait supposer que ces légendes ne naissent pas du jour au lendemain mais se cristallisent au fur et à mesure des générations. En fait, il n'en est rien : on sait que Pythagore devint un personnage de légende dès le temps d'Empédocle et d'Hérodote qui sont de peu postérieurs [2], et Lods rappelle très justement (à propos d'Élisée mais cela ne change rien au fond) « l'abondante et rapide floraison de légendes miraculeuses dont les premiers franciscains entourèrent la figure du fondateur de leur ordre [3] », et, même dans le monde occidental moderne où le merveilleux n'a pas d'emblée droit de cité, des rumeurs peuvent se répandre avec une vitesse et une vigueur étonnantes. Au reste, dans le deuxième livre des Rois (8, 4), on voit en quelque sorte sur le vif comment du vivant d'un thaumaturge se transmet, visiblement sans réticence, le récit de ses exploits : « Le roi s'entretenait avec Guéhazi [...] et disait : raconte-moi, je te prie, toutes les grandes choses qu'Élisée a faites. Et pendant qu'il racontait au roi comment Élisée avait ressuscité un mort, etc. » Il n'y a donc aucune raison de penser que les hauts faits d'Élie n'aient pas été diffusés de pareille façon avant même qu'il fût mort. On ne peut donc tenir argument du légendaire pour rapprocher de — 722 la date de composition de notre récit.

En revanche, une autre piste parait plus sérieuse qui, à l'opposé, amènerait à remonter plus haut dans le temps et à considérer que le narrateur aurait connu Élie et aurait été initié par lui. En effet, de deux choses l'une : ou bien il a reçu l'initiation directement d'Élie, ou bien d'un successeur — que ce soit Élisée dont il est clairement dit dans le texte qu'il reçut l'héritage d'Élie (voir 2 R 2, 9-15) ou d'un des

2. Voir Penseurs grecs [...], p. 37.
3. Lods 1950, p. 196.

successeurs possibles d'Élisée mais dont l'existence n'est pas attestée. Or, nous avons observé chez le narrateur une certaine réticence à l'égard d'Élisée : il rapporte avec complaisance sa lenteur à suivre Élie et l'agacement de ce dernier (voir 1 R 19, 20) ; il lui donne un rôle peu sympathique dans l'épisode de la descente au Jourdain (voir 2 R 2, et p. 135) ; il signale bien que Dieu ordonne à Élie de l'oindre comme prophète (1 R 19, 15) mais Élie, sentant sa fin approcher, va-t-il convoquer tous les « fils de prophètes » pour introniser son successeur solennellement et publiquement afin de l'honorer — et, éventuellement pour couper court à toute contestation ? Nullement : l'affaire se passe en tête à tête car il est précisé (2 R 2, 7) que la troupe des « fils de prophètes » qui accompagnent les deux hommes s'arrêtent en vue du fleuve et les laissent continuer seuls. Et alors, Élie va-t-il embrasser son disciple, lui imposer les mains ? Non, il ne prend même pas l'initiative de lui conférer son héritage et se contente de lui dire : « Demande ce que tu veux que je fasse pour toi » ; lorsque Élisée lui répond : « Qu'il y ait sur moi double portion de ton esprit » (c'est-à-dire : reconnais-moi l'héritage d'un fils ainé — voir Dt 21, 17), Élie ne manifeste toujours pas d'empressement : « tu demandes une chose difficile ».

Et du coup intervient un perfide effet de « rétrolecture » bien dans le style du narrateur : nous venons d'apprendre que, jusqu'au dernier moment, Élisée ne pouvait savoir s'il obtiendrait la succession. Or, au début du chapitre, nous avons lu qu'Élie descendant au Jourdain demande par trois fois à Élisée de le laisser seul et, par trois fois, Élisée s'exclame : « Je ne te quitterai pas. » Il est convenu de comprendre dans cette insistance comme un attachement sentimental. Ce n'est pas exclu mais, outre l'accusation de voyeurisme insinuée par amalgame avec celui ouvertement affirmé des fils de prophètes (voir p. 135), s'installe un malaise : et si cette insistance ne manifestait qu'une sorte d'avidité à se voir reconnaître un pouvoir ? Bien sûr, rien n'est affirmé, mais le doute est, perfidement, jeté.

On ne peut certes parler ici d'agressivité ou de charge mais il semble que le narrateur n'aime guère Élisée — ni les « fils de prophètes » qui gravitent autour de lui. Cela signifierait qu'il ne se situe pas dans sa mouvance. Autrement dit, il aurait reçu son initiation par une autre voie — soit donc par Élie lui-même, soit par un successeur direct ou indirect d'Élie mais étranger à la ligne d'Élisée. De toute façon, cela impliquerait qu'auprès d'Élie se sont côtoyés deux personnages en position de reprendre la succession : l'un est évidemment Élisée, l'autre un mystique jugé plus convenable par le narrateur. Ainsi, ce dernier serait ou bien ce mystique lui-même ou bien l'un de ses héritiers spirituels. Mais, si l'on retenait cette seconde hypothèse, on se heurterait à une absurdité : le narrateur n'aurait, dans son récit, mentionné qu'Élisée — c'est-à-dire le successeur pour lequel il éprouve précisément de la réticence sans faire allusion à celui dont il est l'héritier et qui représente donc l'orthodoxie.

Il est donc par conséquent beaucoup plus vraisemblable d'admettre que, si l'intermédiaire spirituel entre Élie et le narrateur n'a pas été mentionné, c'est tout simplement qu'il n'y a pas d'intermédiaire : l'initiation aurait donc été dispensée *directement* par Élie au narrateur lui-même. Cette interprétation pourrait être corroborée par deux faits.

D'abord, dans plusieurs cas, le récit est raconté de façon si vivante qu'il donne l'impression du vécu. Ainsi en va-t-il des invectives ironiques d'Élie aux prophètes de Baal (1 R 18, 27) ; plus encore, du dialogue entre Élie et Obadia, le ministre d'Achab : il est relativement long, parfaitement vraisemblable mais surtout légèrement oiseux ; or, il n'a sans doute pas été inventé car on peut imaginer que le narrateur, si féru de concision, l'aurait alors fabriqué autrement ; et il n'a sans doute pas été transmis non plus par la tradition car on voit mal qu'une conversation aussi longue et sans grand intérêt ait pu être jugée digne d'être retenue. Au contraire, il pourrait bien être un document de première main, transmis brut par un témoin — par exemple le serviteur d'Élie. Autre exemple : l'indication que, après le triomphe du Carmel, Élie se met à courir devant le char d'Achab jusqu'à Jizréel. C'est un détail concret qui « ne s'invente pas » et qui, ne présentant d'intérêt ni pour la carrière ni pour la doctrine d'Élie, aurait fort bien pu tomber dans l'oubli. En revanche, il est significatif psychologiquement et l'on conçoit qu'un des proches du prophète se soit plu à le relever.

L'autre fait est la forme curieuse de la réponse d'Élisée à Élie : « Puissè-je avoir double part de ton esprit ? » — c'est-à-dire, nous l'avons dit, recevoir ton héritage en tant que *fils ainé* (on s'accorde en effet à voir là une allusion à Dt 21, 17 où il est clairement indiqué que le fils ainé reçoit une double part d'héritage). Mais pourquoi cette mention d'un droit d'ainesse ? Il aurait suffi qu'Élisée demande à être considéré comme le *fils* d'Élie et non précisément le *fils ainé*. Il s'exprime comme si son ainesse pouvait être contestée — donc, comme si à côté de lui existait un autre « fils », un concurrent, qui pourrait être justement le narrateur. Cependant, deux objections surgissent.

Première objection : on pourrait considérer comme bien établi qu'Élisée est le successeur d'Élie parce que c'est Dieu lui-même qui l'a désigné puisqu'il est dit en 1 R 19, 15 : « tu oindras Élisée pour prophète à ta place ». Comment expliquer alors les réticences d'Élie ? On pourrait bien sûr se borner à répondre qu'il éprouve une antipathie spontanée pour Élisée mais pas assez pour se dresser contre un ordre divin : il se contenterait donc de trainer les pieds. Mais, en fait, la solution est plus simple : ce qu'on traduit habituellement par « à ta place » (en hébreu : *taḥtéka*) peut aussi se comprendre comme « sous toi », c'est-à-dire « sous tes ordres »[4] ; de plus, c'est bien ce dernier sens qui est clairement indiqué par le contexte car, d'abord, à la fin du même chapitre, il est précisé qu'Élisée « suivit Élie et fut à son service » (1 R 19, 21, confirmé par 2 R 3, 11) ; ensuite, dans le reste du texte, on ne voit jamais Élisée prendre la place d'Élie ni celui-ci abandonner ses prérogatives. Enfin, le chapitre 2 (2 R) prouve que jusqu'à la dernière minute Élisée ignorait qu'il pourrait succéder à Élie. Élie lui-même ne le lui garantit pas car il précise sans ambigüité : « Si tu me vois pendant que je serai enlevé d'avec toi, cela t'arrivera ainsi [c'est-à-dire tu recevras mon héritage] ; sinon, cela n'arrivera pas. » Dans ces conditions il ne subsiste aucune contradiction : Élisée, sur l'ordre de Dieu, est

---

4. Voir pour ce sens de la préposition *táḥat*, 2 S 22, 48 : *morid ᶜammim taḥténi* « [Dieu] qui fait tomber les peuples *sous moi* » ; ou encore dans Jg 3, 30 : *táḥat yad yisra'el,* « [Moad sera soumis] sous la main d'Israel ». Voir aussi Ps 18, 40 ; 45, 6 ; 144, 2 ; Jb 9, 13 ; Nb 5, 19-20.

investi de la dignité de prophète. Cela ne préjuge en rien de la succession.

Seconde objection : si, en fin de compte Élie accède au vœu d'Élisée, comment expliquer que le narrateur, disciple du Maitre, ne s'incline pas et exprime sa réticence à l'égard d'Élisée ? La réponse est simple : nous l'avons remarqué, c'est un homme indépendant qui ne s'interdit pas de juger le Maitre (voir p. 181). D'autre part, en fin de compte, il n'a jamais rien revendiqué (contrairement à Élisée) et il ne revendique rien : le ton reste si modéré que l'hostilité se devine à peine. En fait, n'oublions pas que c'est un mystique et un mystique du silence ; ces affaires de succession doivent lui paraitre dérisoires ; pour lui, l'essentiel est ailleurs et il se borne à laisser entendre qu'il ne prend guère Élisée au sérieux et que le véritable héritage se trouve non chez un homme mais dans une Voie : celle qu'il indique dans le livre-sanctuaire. Et par là même, narquoisement, il se pose en véritable successeur d'Élie.

On pourrait donc retenir au moins comme hypothèse de travail que le narrateur a connu le prophète — ce qui repousserait sans doute la composition du récit plutôt vers le début du VIIIe siècle, peut-être même à la fin du IXe siècle.

S'il en était ainsi, on pourrait supposer que c'était un disciple très proche d'Élie, par exemple un de ces garçons qui gravitent autour des prophètes et, comme Élisée, nommés « serviteurs » et qui devaient être des manières de novices — des apprentis mystiques en quelque sorte. Un disciple particulièrement doué et qui devait vénérer le Maitre car, pour écrire un tel livre avec un tel soin, il faut de la vénération ; cette vénération, on la devine inspirée par l'enseignement du Maitre mais aussi par sa personne et même sa force physique : c'est une force de la nature qu'il nous décrit, que ce soit lors de l'irruption brutale et mystérieuse du premier verset, de la course devant le char d'Achab ou de la scène où Élie se gausse des prophètes de Baal. À cela il faut ajouter qu'il *se plaît* à décrire car ces éléments n'étaient pas indispensables à la transmission du message ; en effet, pour comprendre le texte, il pouvait être utile de montrer Élie dans toute sa puissance lorsqu'il s'adresse au roi avec la hauteur d'un homme sûr de lui (1 R 18, 18) ou lorsqu'il massacre les prophètes de Baal ; mais qu'importe qu'Élie sache courir pendant trente kilomètres d'affilée ? C'est là qu'on voit que le détail a plu à l'auteur et l'on dirait que, subjugué par l'exploit, il a tenu à l'introduire dans le récit.

Plus qu'un disciple fervent, c'était sans doute aussi un ami car il parle d'Élie, non pas en inférieur, non pas en hagiographe, nous l'avons dit, mais en égal ; et l'on peut imaginer qu'il a su accéder à ce niveau d'intimité en séduisant Élie par son intelligence. Deux amis donc, animés par la même recherche ardente de l'Absolu, sachant rire l'un et l'autre, chacun à sa manière, et aussi curieusement complémentaires : l'un réservé, économe, si l'on en juge par son style, est tout en finesse et en subtilité ; l'autre, exubérant, est une force qui va. Peut-être chacun admirait-il en l'autre ce qui lui faisait défaut.

Osera-t-on pousser encore le jeu et imaginer que c'est peut-être précisément là ce qui explique que le prophète n'ait pas fait de cet ami surdoué son héritier et lui ait préféré au dernier moment Élisée, le laboureur, lui qui sait diriger ses douze attelages de bœufs (voir 1 R 19, 19) ? Le narrateur lui, certes, sait avec brio orchestrer ses douze paragraphes en un étonnant mandala ; mais est-ce suffisant pour guider les Douze Tribus ? Le choix du successeur aurait donc obéi à un souci d'efficacité.

Il faudrait alors supposer que, par la suite, cet héritier ait particulièrement démérité, du moins aux yeux du narrateur. Élisée se serait montré incapable de se conduire autrement qu'en vulgaire sorcier et le narrateur, percevant le problème, aura estimé nécessaire de transmettre la doctrine dans sa pureté et de signaler le danger d'un chef qui l'oublie [5].

Pourquoi ne pas l'avoir fait de façon plus ouverte ? une philippique n'aurait-elle pas mieux frappé ? En fait, outre qu'il a peut-être paru futile à l'auteur de s'exposer à des

---

5. Il n'est pas exclu qu'on trouve un écho de cette réticence dans le cycle même d'Élisée. Certes, on y montre la capacité du saint homme à ressusciter un enfant, à multiplier la nourriture, à frapper une armée de cécité, mais ce panégyrique est gâché par la futilité de certains miracles : Yahvé, Dieu des Armées confère-t-il sa puissance à son prophète pour qu'il assainisse la soupe (2 R 4, 38 s.) ou qu'il récupère un fer de hache tombé dans l'eau (2 R 6, 1-7) ? D'autre part, on est troublé par la cruauté stupide de cet homme de Dieu : ne frappe-t-il pas de lèpre son serviteur Guéhazi (et sa postérité) qui voulut simplement profiter un peu de la munificence de Naaman (celui-ci avait tenté — mais en vain — de récompenser Élisée qui l'avait guéri de la lèpre : voir 2 R 5) ? Et que dire de la punition qu'il inflige à de très petits enfants qui s'étaient moqués de sa calvitie (« deux ours sortirent de la forêt et déchiquetèrent quarante-deux de ces enfants », 2 R 2, 23-24) ? Certes, il s'agit d'un recueil de légendes égrenées en vrac et, semble-t-il, contrairement au cycle d'Élie, sans aucune élaboration ; mais un collecteur de légendes choisit toujours et l'on pourrait voir dans le choix qu'il opère ici comme une perfidie perpétrée par un disciple du narrateur du récit élianique ; peut-être même le cycle d'Élisée a-t-il été rédigé par ce dernier, ce qui signifierait que les deux récits forment un tout : le cycle d'Élisée volontairement insipide et bâclé mettant en scène un personnage brutal et obtus servirait de repoussoir au cycle et à la personne d'Élie. Simples hypothèses.

réactions brutales, il aura sans doute jugé qu'il écrivait pour défendre l'intégrité de la doctrine et que, lui, homme intègre, se devait donc de montrer l'exemple : la doctrine est mystique et ne peut, sans trahison, être exposée platement ; seule une présentation exigeant un décodage attentif pouvait en faire percevoir la véritable dimension. Mais, répétons-le, ce ne sont là qu'hypothèses d'école.

L'IMPACT D'ÉLIE

Même si l'on ne retient pas dans le détail les spéculations qui précèdent, on ne peut guère contester que l'ouvrage a dû être rédigé entre — 850 et — 722, c'est-à-dire après la glorieuse période de David (environ — 1012-975) et de Salomon (environ — 975-935) mais avant ce qu'il est convenu d'appeler le grand prophétisme qu'on s'accorde à voir apparaître avec Amos et Osée vers la fin du VIIIe siècle.

Cela signifie donc qu'il aurait alors existé un courant de pensée radical s'attaquant simultanément à tout : d'abord, bien sûr, au baalisme, très vivant dans tout Canaan, et aussi, par là même, aux compromis et aux compromissions entre baalisme et mosaïsme qui ont pu se manifester jusqu'à la cour des rois dès l'époque de Salomon. Mais il s'en prend aussi à l'ennemi même du baalisme : le mosaïsme le plus officiel et le plus authentique. Cette attitude implique forcément une rupture avec le milieu sacerdotal, bien qu'il n'en soit pas fait explicitement mention dans le texte. Mais, ce qui est plus curieux, c'est qu'il porte surtout ses coups contre les éléments les plus dynamiques du mouvement mosaïque, les prophètes, représentés par les personnages du premier Élie et d'Élisée ainsi que par les « fils de prophètes ».

Cette attaque se fait au nom d'un engagement mystique total supposant un mode de vie de type monastique. Cette option très abrupte n'appartient pas à proprement parler à la tradition mosaïque mais pourrait n'être pas étrangère à la pratique ascétique connue sous le nom de naziréat[6] ; elle pourrait être liée aussi à une très ancienne tradition valorisant la pureté austère de la vie au désert (par opposition à la vie des sédentaires jugée facile et dépravée) et remonter à l'époque où les fils d'Israel étaient encore nomades ; elle se rencontrera plus tard chez les prophètes et l'on en retrouve l'écho dans le monde arabe à propos des Bédouins[7]. Mais, dans le livre d'Élie, elle est radicale et systématisée : c'est une Voie. Élie en est-il l'initiateur ? C'est possible car l'épisode du désert de Beer-Sheba donne l'impression d'une découverte personnelle. Cependant, on ne peut bien entendu exclure non plus qu'Élie lui-même ait été initié.

On peut aller plus loin si l'on tient compte des deux constatations suivantes : d'abord, on aura déjà reconnu dans les chapitres précédents que plusieurs des innovations importantes apportées par l'enseignement des grands prophètes se trouvent déjà dans la doctrine élianique. La plus évidente est certainement l'intériorisation de la vie religieuse. Elle est le fondement même du mysticisme d'Élie mais elle est aussi constamment proclamée par les prophè-

---

6. Voir Nb 6.
7. On pense aussi aux Récabites (voir Jr 35, 2 s.).

tes : « Je hais, je méprise vos fêtes, je ne puis sentir vos assemblées. Quand vous me présentez des holocaustes et des offrandes, je n'y prends aucun plaisir ; et les veaux engraissés que vous sacrifiez en action de grâces, je ne les regarde pas ! [...] Mais que la doctrine soit comme un courant d'eau et la justice comme un torrent qui jamais ne se tarit » — pour ne citer qu'Amos (5, 21-24). De même retrouverait-on tant chez Élie que chez les prophètes la mention de la repentance (retour sur soi-même), du respect pour les humbles mais aussi, sur un mode mineur, l'ironie à l'égard des dieux païens (Is 44, 9 s. et Jr 10, 1-5 sont de même inspiration que la gouaille d'Élie en 1 R 18, 27). De même encore, le rôle du roi par rapport au prophète ne diffère pas sensiblement dans les deux courants. Cependant, malgré ces points communs, le prophétisme diffère radicalement de l'élianisme : d'abord, chez les prophètes, l'intériorisation de la vie religieuse coïncide avec une moralisation qui tend au moralisme et au puritanisme ; mais, alors qu'ils fulminent sans arrêt contre les dépravations en tout genre, l'élianisme au contraire n'en souffle mot ; comme si la vertu, au sens moral ou sexuel, ne présentait qu'un intérêt secondaire, celui d'un simple moyen reconnu comme pouvant favoriser l'accès à l'essentiel : l'expérience mystique. Mais, surtout, le prophétisme reste profondément attaché à Moïse et à l'Alliance et suppose une forme de marche de l'Histoire où le peuple juif se voit attribué une place centrale. Au contraire, l'élianisme relativise l'importance de Moïse. L'Alliance, devenue caduque, est remplacée par la possibilité d'accès direct à Dieu par la Voie. Une Voie dont l'aboutissement implique le reniement de la Terre promise. C'est une Voie sans

Peuple élu, d'emblée ouverte à tous. Tandis que les prophètes, même lorsqu'ils ouvrent leur doctrine aux autres peuples, attribuent toujours un rôle privilégié à Israel[8], l'élianisme est, sans restriction ni préférence, universaliste. Et, soulignons-le très fortement, étant donné la date probablement très ancienne de l'ouvrage, cela signifie que nous aurions à présent devant les yeux la première mention dans l'histoire de l'humanité d'une religion universaliste.

D'autre part, on observe que, bien qu'il soit peu mentionné dans l'Ancien Testament, Élie jouit d'un immense prestige.

Dans le *monde juif,* c'est à lui que revient l'honneur de précéder l'arrivée du Messie — tradition fondée sur le texte de Malachie (3, 23-24) : « Voici, je vous enverrai Élie, le prophète, / Avant que le jour de l'Éternel n'arrive /, Ce jour grand et redoutable. » Cette prophétie qui aurait pu passer inaperçue a donné naissance à tout un folklore qui encore aujourd'hui fait d'Élie le plus populaire des prophètes. Citons en particulier la coutume qui veut que, lors du repas de la fête de Pâques, une place lui soit réservée. Élie est, d'autre part, censé être présent lors de toutes les circoncisions[9].

Dans l'*Évangile,* non seulement on reconnait une référence explicite à un passage du cycle d'Élie[10] mais on retrouve aussi dans la biographie et l'enseignement de Jésus des thèmes qui rappellent ceux d'Élie : la multiplica-

---

8. Voir par ex. Lods 1950, p. 586.
9. Pour plus de détails, voir *Élie le Prophète* 1956, II ; voir aussi Ginzberg 1913, IV, p. 195-235, et VI, p. 316 s.
10. Lc 9, 61.

tion de nourriture, la résurrection d'un enfant, l'étrangère vertueuse (la Samaritaine à comparer avec la veuve de Sarepta), la retraite dans le désert, l'élévation, la valorisation de l'enfance et plus généralement des humbles (à l'identification d'Élie à un enfant correspond la phrase bien connue de l'Évangile : « Nul n'entrera au royaume des Cieux s'il n'est semblable à l'un de ces enfants »), exaltation de l'esprit contre la lettre et peut-être même une certaine conception des éléments (voir le verset 5 de Jean 3 : « À moins de naitre d'eau et d'esprit [de souffle] nul ne peut entrer dans le royaume de Dieu » — qui pourrait rappeler ce que nous avons dit du rôle des éléments chez Élie[11]). Tous ces rapprochements sont finalement confirmés et peut-être expliqués par la Transfiguration au mont Tabor où Jésus s'entretient avec Élie et Moïse. Élie est affirmé là comme le plus grand des prophètes et l'égal de Moïse[12].

Dans le *monde musulman*, Élie est mentionné en deux endroits dans le Coran (37, 123-132 et 6, 85) et surtout il est plus ou moins assimilé dans la tradition au personnage légendaire du Khadir (*al-xaḍir*), littéralement « le Vert », objet d'une grande dévotion dans l'islam[13]. Il n'est pas inintéressant pour notre propos de noter que, selon la tradition, ce personnage est mis en scène dans le Coran (18, 65 s.) en compagnie de Moïse. Il tient le rôle de Maitre alors que Moïse est présenté comme son disciple — et un disciple peu doué.

Tous ces témoignages associés à ceux de l'Ancien Testament prouvent que le personnage d'Élie a frappé

---

11. Voir p. 155 s.
12. Pour plus de détails, voir *Élie [...]* 1956, II, p. 84 s.
13. Voir *Élie [...]* 1956, II, p. 256-289.

l'imagination collective et donnent l'impression qu'il a dû être un homme au charisme peu ordinaire. Dans ces conditions, à partir de tout ce qui précède, on pourrait se hasarder à élaborer prudemment la reconstitution suivante.

Le grand prophétisme aurait été précédé par un « pré-prophétisme » animé par des sortes de chamanes yahvistes, hommes de Dieu, certes, mais surtout hommes de guerre et hommes de magie. Le premier Élie en est un, mais le modèle le plus parfait est incarné par Élisée dont l'histoire est connue par les chapitres 2 à 13 du deuxième livre des Rois (ainsi que les indications apparaissant dans le cycle d'Élie).

Une évolution se serait produite précisément à l'époque d'Élie ou peu de temps après lui. Il serait peut-être intéressant de se demander si l'élianisme n'a pas entretenu un rapport quelconque avec le courant qui est à l'origine de la tradition dite élohiste (l'un et l'autre sont d'origine septentrionale, l'un et l'autre, en contraste avec la tradition dite yahviste, nomment le Sinaï « Horeb » et font intervenir des anges ; en outre, la spiritualité de l'élohisme est tenue pour plus raffinée que celle de la tradition yahviste ; voir par exemple Lods 1950, p. 176-178). Peut-être faut-il aussi imaginer un courant religieux d'hommes déçus de voir le rêve de la Terre promise s'enliser dans un quotidien nauséabond, en particulier au vu des errements de la cour de Jérusalem ? Quoi qu'il en soit, il ne serait sans doute pas déraisonnable d'envisager qu'Élie ait joué un rôle cardinal dans cette évolution : lui-même, d'abord chamane de Yahvé, aurait découvert une Voie mystique révolutionnaire et il aurait su par son exceptionnelle envergure insuffler un esprit nouveau à la vie religieuse du pays. D'une part, on peut penser que certains prophètes auraient reconsidéré le mosaïsme en fonction de ses idées, notamment en mettant l'accent sur l'intériorisation, mais sans toutefois remettre en question ni les notions d'Alliance, de Peuple élu et de Terre promise, ni le respect absolu pour Moïse et les patriarches. Il faudrait alors envisager le grand prophétisme comme un mouvement de compromis entre élianisme et mosaïsme. D'autre part, l'abrupte et pure doctrine a pu susciter des vocations chez des mystiques plus radicaux dont le narrateur du livre d'Élie pourrait représenter le modèle.

On pourrait donc envisager deux courants : l'un contemplatif, maximaliste et avant-gardiste, l'autre séculier, réaliste et traditionaliste, se réclamant l'un et l'autre d'Élie mais probablement critiques l'un à l'égard de l'autre. En fait, la contradiction est en germe dans la doctrine du Maitre puisqu'on y voit le mosaïsme en quelque sorte récupéré comme pis aller transitoirement acceptable pour qui n'a pas atteint le but suprême. *A priori,* donc, on imagine bien des hommes de terrain affrontés à la réalité quotidienne d'un peuple qu'il faut guider mais dont on ne peut attendre qu'il accède d'un coup à l'illumination ; il aura donc fallu adapter, graduer, éventuellement transiger, peut-être même séduire en flattant un certain ethnocentrisme par l'affirmation de l'Alliance et de l'Élection d'Israel. On se figure non moins bien des ascètes inquiets de ces compromissions, et cherchant à relativiser le mosaïsme et à rappeler que la fin est ailleurs.

Les adeptes du grand prophétisme et leurs successeurs, sans adopter la doctrine dans son intégralité, s'en seraient cependant sentis les héritiers. Le livre d'Élie aurait donc été tout naturellement honoré et préservé sans aucune correction même si tout son contenu n'avait pas été assimilé ni même — le temps, l'oubli et l'obscurité du texte aidant — compris. Ainsi se résoudrait un paradoxe : si, de façon strictement typologique, on compare à la doctrine élianique le message des grands prophètes et encore plus l'enseignement synagogal, ils apparaissent inconciliables et l'élianisme pourrait même être interprété comme une attaque en règle de ces derniers. Mais la présence dans la tradition prophétique et plus tard dans le canon biblique de cet ouvrage en soi hétérodoxe ne surprend plus si l'on envisage les faits dans une perspective historique.

D'autre part, tout en transmettant respectueusement la forme de l'héritage, c'est-à-dire le texte, les milieux liés au grand prophétisme n'auraient pas su ou voulu en transmettre le sens dans son intégralité et, de la sorte, la tradition s'en serait perdue, dans ces milieux au moins. Cela n'aurait pas empêché qu'elle se maintienne plus ou moins complètement ailleurs, comme en témoignent les Évangiles, mais de façon souterraine ou, plus exactement, qui nous *paraît* souterraine, peut-être parce que nous ne connaissons guère la pensée du monde juif que par des documents émanant pour l'essentiel d'un seul parti, celui qui s'exprime dans la Bible. Il est en particulier plausible que les courants ascétiques tels que ceux des esséniens, des thérapeutes ou de Jean le Baptiste (qui, rappelons-le, baptisait dans les eaux du Jourdain, c'est-à-dire près du lieu même de l'apothéose d'Élie) aient été influencés par l'élianisme [14]. Il

---

14. Pour les esséniens qui, eux aussi, vivaient à proximité du lieu de l'élévation, voir Allison 1988, p. 193.

se pourrait même que la tradition attribuant l'origine du monachisme [15] à Élie ne soit pas dénuée de fondement et que les Carmélites aient eu raison d'en faire le parrain de leur ordre. Il se pourrait tout autant que la tradition faisant remonter la Cabale à Élie soit plus qu'une légende [16]. Peut-être même trouverait-on dans le Talmud des échos de l'élianisme comme par exemple dans Berakhot 58 a [17].

Faut-il rappeler que toutes ces considérations devront bien entendu être envisagées comme de simples hypothèses de travail destinées à stimuler la réflexion?

---

15. Voir nombreux détails dans *Élie [...]* 1956, en particulier I, p. 165.

16. Voir Ginzberg 1913, IV, p. 229.

17. R. Schescheth, quoique aveugle, eut soin, lorsqu'on alla au-devant du roi, de faire comme tout le monde. Un Sadducéen le vit et lui dit : On porte des cruches à l'eau (pour en emporter), mais que viennent y faire les cruches cassées (comme toi qui es aveugle)? Je vais te prouver, lui répondit le rabbi, que je vois mieux que toi. Comme la première division passait et qu'il se mettait à crier : Le roi arrive, R. Schescheth dit que ce n'était pas lui ; au passage de la deuxième division donnant lieu à la même exclamation, R. Schescheth le prévint que ce n'était pas encore le roi ; au passage de la troisième division, on se tut ; voilà le roi maintenant, dit R. Schescheth. Comment le sais-tu? lui demanda son voisin. C'est que, dit le rabbin, il en est de la royauté terrestre comme de celle du ciel, dont il est dit (1 Rois, 19, 11, 12) : « Sors, place-toi sur la montagne au-devant de l'Éternel, et, lorsqu'il passera, il y aura un grand vent qui renverse les montagnes, qui brise les rochers au-devant de l'Éternel. Dieu n'est pas dans le vent ; et après le vent est l'orage, où ne réside pas non plus Dieu ; après l'orage vient le feu, où ne réside pas non plus Dieu ; mais après le feu, *qol demama daqqa*» (formule que le traducteur rend par « il y a un son faible et à peine perceptible » — ce qui rend le texte presque incompréhensible. Voir Talmud de Jérusalem, Moïse Schwab, Paris, 1960, vol. I, p. 472).

CONTACTS ?

Dans les chapitres précédents, des rapprochements ont souvent été faits entre des traits du cycle d'Élie et des réalités extérieures au monde biblique, en particulier à propos de l'expérience mystique (voir p. 30 s.), de l'initiation (p. 97 s.) et des sanctuaires (p. 147 s.). Dans tous les cas sans exception, il est clair que ces références restaient d'ordre auxiliaire : jamais aucune allusion n'a été faite à la possibilité d'un jeu d'influence quelconque, directe ou non, entre les deux termes de la comparaison. Elles visaient seulement à étayer une hypothèse ou à éclairer une réalité qui pouvait paraitre obscure.

On pourrait à présent s'enhardir. Après avoir essayé de situer le récit d'Élie dans son temps et de préciser un peu la personnalité de son auteur, on est tenté d'envisager les rapports du livre avec le monde extérieur. Mais, dans cette entreprise plus encore que dans les paragraphes précédents, le maitre mot est : prudence. Une médication drastique permettra peut-être paradoxalement de raison garder ; il s'agit ni plus ni moins que d'envisager les traits communs à l'élianisme et au taoïsme de Lao-tseu, et cela dans quatre domaines.

La présentation matérielle de la doctrine

La référence fondamentale du taoïsme, le *Tao-te-king (Daodejing)* de Lao-tseu (Laozi) est, comme le livre d'Élie, un ouvrage remarquablement bref : quelques pages — plus précisément cinq mille caractères (chinois) environ (le livre d'Élie compte à peu près cinq mille caractères hébreux). En outre, de même que la structuration du livre d'Élie paraît commandée par des préoccupations symboliques, de même observe-t-on que le *Tao-te-king* est divisé en quatre-vingt-un chapitres en fonction « de la valeur mystique de 9 et de 3 » (voir M. Kaltenmark 1965, p. 19). Enfin, dans les deux textes, l'exposé est dense, obscur et paradoxal mais jamais sentencieux : le livre d'Élie est rédigé dans la forme populaire du conte et, si le *Tao-te-king* est certes moins engageant du fait qu'il se présente sous forme d'aphorismes, la simplicité de son vocabulaire, de sa syntaxe et de ses images lui confère la même tonalité bonhomme et parfois même espiègle. (Voir par exemple des passages comme : « Mes paroles sont très faciles à connaître et à pratiquer ; cependant il n'y a personne dans le monde entier qui soit capable de les connaître et de les pratiquer » (chap. LXX) — ou encore : « Comme j'ai l'air stupide ! combien inculte ! Comme les gens sont brillants ! Seul je suis obscur » (chap. XX).)

La doctrine

Le *Tao-te-king,* comme le livre d'Élie, propose une doctrine qui est aussi un art de vivre ; comme lui — le fait mérite d'être souligné car il ne va pas de soi s'agissant d'ouvrages à la fois mystiques et brefs — il accorde une attention marquée au politique et au rôle du souverain.

A priori ouvertes à tous, les deux doctrines sont animées

par le désir d'atteindre l'essentiel par une démarche purement intérieure en réaction au ritualisme : ritualisme mosaïque dans le cas de l'élianisme ; ritualisme confucéen dans le cas du taoïsme. Plus précisément, la démarche élianique, nous l'avons souligné, est ascèse et non théologie ; elle est fondée sur l'expérience personnelle, concrète, du sacré dont la forme ultime est représentée par le *qol demama daqqa*, « le son de silence fin », manifestation de la réalité suprême connue par extinction des sens et de l'intellect.

De même, pas plus que l'élianisme, le taoïsme n'est fondamentalement une théologie ou une philosophie (au sens occidental) : c'est une pratique. Elle consiste à retourner au *Tao* : « Qui est parfait est semblable au Ciel. Semblable au Ciel, il peut s'identifier au *Tao* » (*Tao-te-king*, chap. XVI). Or, le *Tao* « est un être imperceptible, indiscernable » (*ibid.*, chap. XXI) dont Lao-tseu dit :

Je scrute du regard et ne vois rien : j'appelle cela l'Indistinct (Yi).

J'écoute et n'entends rien : j'appelle cela le Silencieux (Hi).

Je tâte et ne trouve rien : j'appelle cela le Subtil (Wei).

Aucune de ces trois expériences n'apporte de réponses, je ne trouve qu'une Unité indifférenciée.

Elle n'est point lumineuse en haut, ténébreuse en bas.

Indiscernable, on ne saurait la nommer, car déjà elle est rentrée dans le domaine où il n'est pas d'objet sensible.

Le Saint pour s'identifier au *Tao* tend donc à « parvenir à la vacuité parfaite » (*ibid.*, chap. XVI) et à se défier de ses sens :

> *Les cinq couleurs font que les yeux ne voient plus.*
> *Les cinq notes font que les oreilles n'entendent plus.*
> *Les cinq saveurs rendent la bouche percluse.*
> *Les courses et la chasse affolent l'esprit de l'homme.*
> *Les denrées rares entravent ses travaux.*

Car « la plus grande musique ne s'entend point » (chap. XLI). Ainsi a-t-on pu dire de Lao-tseu : « Le Saint entend ce qui est sans bruit et voit ce qui est sans forme » (dans le *Lu-che-tch'ouen-ts'ieou* cité par M. Kaltenmark 1965, p. 28) — formule qui rappelle étrangement notre *qol demama daqqa*.

Mise en œuvre de la doctrine

Les deux doctrines proposent un style de vie où l'on retrouve des traits qui se ressemblent singulièrement.

Ainsi, Élie ne découvre la Voie que grâce à sa défaite et il n'accède à la réalité suprême que par l'extinction du moi. Or, pareillement, le taoïsme ne cesse d'exalter la faiblesse : « [...] dans la faiblesse est l'efficacité du *Tao* », et : « Le souple et le faible l'emportent sur le dur et le fort » (chap. XXXVI et XL). Pour la doctrine élianique, il en résulte que les êtres faibles — serviteurs, femmes, enfants — se voient valorisés (voir p. 122 s.), tout particulièrement l'enfant puisque c'est en se transformant symboliquement en enfant (Ismael) qu'Élie réalise sa mutation spirituelle.

Même démarche dans le *Tao-te-king* : « Connais ta masculinité, mais préfère ta féminité, tu seras le ravin du monde ; [...] alors tu pourras retrouver l'état d'enfance » (chap. XXVIII). Et, curieusement, cette inspiration nourrit dans les deux doctrines une même symbolique : ce n'est pas sur une montagne que se déroule l'apothéose d'Élie mais dans la vallée la plus basse du monde, au bord d'une eau courante (voir p. 156) et de même lit-on dans le *Tao-te-king* : « La plus grande perfection est semblable à l'eau, laquelle est la meilleure bienfaitrice des dix mille êtres, mais ne lutte jamais, car elle se cantonne dans les lieux bas détestés des hommes ; et c'est pourquoi elle est si proche du *Tao* ; c'est parce qu'elle ne lutte jamais qu'elle ne se trompe pas. Rien ici-bas n'est plus souple, moins résistant que l'eau, pourtant il n'est rien qui vienne mieux à bout du dur et du fort. » Et : « Si les fleuves et les mers peuvent être les rois des vallées, c'est qu'ils savent si bien se placer plus bas qu'elles » (chap. LXVI).

Les pratiques

La *direction spirituelle* : Élie trouve sa voie seul. Il ne reçoit pas de décalogue et n'en transmet pas et, s'il est vrai que le livre d'Élie contient une doctrine, elle n'est pas assénée par le narrateur mais seulement donnée à la découverte. Attitude non directive, en fin de compte identique à celle de Dieu sur l'Horeb : il accueille Élie mais ne vient pas le chercher. C'est le même style de direction spirituelle que propose le taoïsme : « Le maître, durant l'instruction, semble être purement passif [...]. C'est l'adepte lui-même qui doit progresser, se dépouillant peu à peu de son moi social » (Kaltenmark 1965, p. 112).

L'*expérience mystique* : chez Élie sa plus parfaite manifestation est représentée par l'ascension finale. Or, les traditions taoïstes font elles aussi constamment état de vols magiques sur le vent qui sont en fait des extases — ce que le Sage taoïste Tchouang-tseu (Zhuangzi) nomme « randonnée spirituelle » *(yuan you)*. Un autre ouvrage taoïste, le *Lie-tseu (Liezi),* en donne une description qui mérite d'autant plus d'être citée qu'on y retrouve des composantes de la hiérophanie de l'Horeb : « L'Homme parfait est pur esprit ! Il ne ressent pas la chaleur de la brousse enflammée ni la froidure des eaux débordées ; la foudre qui fend les montagnes, la tempête qui soulève l'Océan ne sauraient l'effrayer. Celui-là, les nuées sont ses attelages, le soleil et la lune sont ses montures. Il vagabonde au-delà des Quatre Mers ; les alternances de la vie et de la mort ne le concernent pas, encore moins les notions de bien et de mal » (chap. II).

Enfin, peut-être aussi, la pratique d'un *régime respiratoire* particulier. Dans le cas du prophète Élie cette observation peut paraitre extravagante. Pourtant, souvenons-nous que sur l'Horeb la contemplation suprême coïncide avec le silence, et plus précisément, un silence que l'attention observe intensément et juge « fin » *(daq)*. Cela signifie donc qu'aucun bruit ne troublait le prophète. De fait, il était seul et dans le désert ; on peut donc aisément comprendre qu'aucune vibration ne venait gêner sa contemplation. À ceci près, cependant, que, lorsqu'on réussit à éliminer de façon aussi absolue toutes les émissions sonores du monde extérieur, on découvre que le silence n'est pas réalisé tout simplement à cause des bruits émanant du corps : ceux du pouls et de la respiration — qu'on en fasse l'expérience — s'imposent avec une indiscrétion insoupçonnée.

Si, donc, le narrateur (et, en dernière analyse, sans doute Élie lui-même) a tenu à préciser que le silence de la contemplation n'était pas approximatif mais *daq,* c'est que même cette rumeur du cœur et des poumons était devenue imperceptible. Le silence du cœur s'explique aisément : le pouls peut devenir insensible et donc inaudible (pouls filant) quand le sujet est à la fois épuisé et immobile, ce qui est précisément le cas d'Élie ; d'autre part, les battements du cœur deviennent presque imperceptibles lorsque le sujet est debout — ce qui est aussi le cas d'Élie ; en effet, en 1 R 19, 11, Dieu lui ordonne clairement : « tiens-toi debout à l'entrée de la caverne ».

Mais le silence de la respiration est plus étonnant — sauf toutefois si l'on admet un contrôle volontaire du souffle supposant une extrême vigilance ; chacun peut le constater sur soi-même : le bruit de la respiration peut être aboli mais la moindre précipitation rompt le silence et l'on se rendra vite compte qu'on ne peut le réaliser durablement à moins d'une forte concentration et d'une longue pratique.

Or, il se trouve que cet exercice est vivement recommandé par le taoïsme (entre autres, nous y reviendrons) pour atteindre précisément ce que trouve Élie : l'extase. L'adepte doit « aspirer le souffle par le nez et l'enfermer ; [...] on le rejette tout doucement par la bouche. Ni pendant qu'on le rejette, ni pendant qu'on l'aspire, on ne doit jamais entendre de ses propres oreilles le souffle entrer et sortir ; il faut toujours qu'il entre beaucoup et qu'il en sorte peu : si vous placez une plume sur le nez et la bouche, [vous devez] expirer le souffle sans que la plume remue [18] ». Tout se passe comme si Élie avait réalisé ces conditions ; son extase supposerait comme dans le taoïsme un contrôle du souffle.

On voit donc que, du point de vue typologique, le livre d'Élie présente avec le taoïsme de nombreux points communs de doctrine mais plus encore de style. Comment interpréter cette étrange ressemblance ? Étant donné que le livre d'Élie semble dater du − VIIIe siècle et qu'on admet que le *Tao-te-king* n'est pas antérieur au − Ve siècle, on pourrait être tenté de penser que celui-ci a été influencé par celui-là... Mais bien entendu, nous ne possédons absolument aucune preuve de contacts entre le monde biblique et la Chine. Dans ces conditions, il convient de pratiquer le scepticisme. Sans toutefois tomber dans le pyrrhonisme. En effet, d'une part, il est prudent de rester aux aguets car, comme le dit Van der Leeuw [19], « la mystique est internationale et interconfessionnelle ; elle ignore toute frontière ». Les doctrines et les pratiques religieuses se répandent souvent très loin de leur épincentre ainsi qu'en témoigne le succès du christianisme ou du mithraïsme, et c'est parfois leur exotisme même qui leur assure l'adhésion de populations lointaines [20]. Les ressemblances entre scénarios initiatiques, conceptions pyramidales des cieux, ordonnance des sanctuaires, l'ubiquité de certains motifs (tel celui du poisson à une tête qu'on trouve

---

18. Maspero 1937, p. 501.
19. 1955, p. 483.
20. Voir par exemple Dupont-Sommer 1980 ou Duchemin 1974.

en Égypte au second millénaire, à Sumer, en Irlande au
VIIIe siècle, en Annam vers le début de notre ère : voir
C. Schuster 1947), toutes ces coïncidences font penser à
des contacts entre courants religieux du monde entier
même si l'on ne peut en fournir le détail. Il faut donc se
tenir prêt à interpréter de façon identique celles qui
caractérisent le livre d'Élie mais avec la prudence la plus
sourcilleuse. En particulier, on devra veiller toujours à se
garder de deux dangers.

D'abord, celui de la simplification : ainsi comparer
Élie sous son genêt au Bouddha sous son figuier mène
à l'impasse si l'on oublie de mentionner Mahāvīra sous
l'arbre *sālā,* Merlin sous le pommier ou Ulysse consultant
« le feuillage divin du grand chêne de Zeus » (l'*Odyssée*
XIV, 327 et XIX, 296). Il en serait de même pour un
autre thème qui parait bien intervenir dans le livre
d'Élie : celui des éléments[21]. En effet, habituellement, on
considère que les plus anciennes attestations de cette
notion se trouvent d'abord chez les Grecs (d'Asie
Mineure) avec Thalès, Héraclite, Anaximandre, Anaxi-
mène, etc. — du moins avec la distribution eau-terre-
feu-air, différente, donc, de celle en cinq éléments que
connaissaient les Chinois peut-être depuis le second
millénaire : eau-terre-feu-bois-métal. Or, on sait que, dès
l'époque homérique au moins, les Grecs se sont trouvés
en relation avec le monde canaanéen par l'intermédiaire
des Phéniciens[22]. La présence du thème des quatre
éléments dans les mondes grec et biblique pourrait donc

---

21. Voir p. 154 s.
22. Voir E. Masson 1967, H. Rosén 1979, M. Masson 1979.

lui aussi laisser imaginer une source commune. Mais le détail nous échappe et l'on aurait d'autant plus tort de tirer des conclusions précises que le thème pourrait bien avoir eu cours aussi dans l'Égypte à une époque très ancienne[23] ainsi que dans le monde indien comme en témoigne le récit cosmogonique du *Chandogya-Upaniṣad* Vi, ii, iii, (environ — VIᵉ siècle) :

II, 3 : « L'Être pensa : Que je me multiplie ! Je veux engendrer ! Et il émit l'élément ardent. L'Ardeur pensa : Que je me multiplie ! Que j'enfante ! Et elle émit l'élément liquide [...] »

II, 4 : « L'Eau pensa : Que je me multiplie ! Que j'enfante ! Et elle émit l'élément nourricier [...] »

III, 2 : « Cette Divinité, l'Être, pensa : Or çà ! Ces trois éléments divins, je les veux pénétrer par moi-même comme âme vivante, et ainsi distinguer les sujets individuels porteurs de nom et de forme[24]. »

Pour ne pas quitter le domaine grec, on pourrait tout autant relativiser la coïncidence fort tentante qu'on peut déceler entre l'épisode de la caverne (1 R 19, 9 s.) et le célèbre mythe de Platon (*La République* VII, 1-3). En effet, comme le captif de l'allégorie platonicienne, c'est en sortant de la caverne qu'Élie découvre une nouvelle réalité — qui est en fait la Réalité ; dans les deux cas, l'expérience est violente (voir les cratophanies spectaculaires d'Élie et la lumière insolite qui tourmente le captif) mais libératrice ; dans les deux cas, elle est progressive (pour Élie, la révélation suprême est précédée des cratophanies ; pour le captif, la

---

23. Voir J. Padro, 1980.
24. Cité par O. Lacombe, in Gardet-Lacombe 1981, p. 94.

contemplation du soleil suit la découverte des objets réels dans la caverne) ; dans les deux cas, la méditation finale transcende la diversité du réel : pour Élie, c'est l'extrême attention au silence ; pour le captif, la concentration sur le soleil — source ultime de la lumière ; dans les deux cas, elle est paradoxale (voir l'oxymoron « le son du silence » chez Élie et, pour le captif, le fait de fixer le soleil qui risque de provoquer la cécité). Enfin et surtout, dans les deux cas, l'expérience bouleverse totalement l'existence de ceux qui la vivent.

Bien entendu, la comparaison s'arrête là : on ne trouvera chez Platon nulle mention du sacré ni chez Élie aucune trace de la dialectique ! En fait, la curieuse ressemblance de structure inviterait tout au plus à envisager que Platon aussi bien que la tradition élianique aurait puisé à un fonds commun chacun en fonction de ses propres besoins. Ce fonds pourrait avoir été formé par un rituel initiatique — qualifions-le de méditerranéen — remodelé mais encore nettement reconnaissable dans le livre d'Élie, alors que Platon n'aurait connu ou conservé qu'un récit à valeur éducative [25].

Le second écueil consisterait à oublier que le hasard a pu jouer ou, plus exactement, que des circonstances analogues ont pu engendrer des effets comparables. En effet, l'élan mystique est une réalité universelle qui, certes, mobilise le système nerveux de façon originale pour chaque individu mais avec des constantes dont on a pu dresser la cartographie [26] ; il est concevable que des hommes fort

25. Voir Schuhl, Paris 1947, p. 57 s.
26. Voir par ex. Van der Leeuw 1955.

éloignés dans le temps et dans l'espace aient éprouvé des sentiments voisins et les aient exprimés avec une imagerie analogue. On pourrait donc dire qu'Élie et Lao-tseu (et leurs disciples) ont appartenu à un sous-ensemble de mystiques présentant un tempérament commun (introversion, réserve, goût de la litote, mépris des conventions) qu'on retrouverait évidemment dans le monde bouddhiste, mais aussi chez les stoïciens et certains protestants, et qui s'opposerait au tempérament plus exubérant des mystiques orgiaques, du soufisme, de l'hésychasme mais aussi du prophétisme hébreu. Les coïncidences n'impliqueraient alors pas nécessairement de contacts. Ainsi en serait-il encore par exemple pour le contrôle du souffle (voir p. 206) : à qui s'émerveillerait d'une ressemblance sur ce point entre élianisme et taoïsme, il faudrait rappeler que des techniques respiratoires existent aussi non seulement aux Indes (voir le *pranayama* du yoga) mais aussi chez les soufis *(dhikr)* et chez les hésychastes et, au moment même où l'on commencerait à imaginer des itinéraires d'influences possibles, il faudrait bien sûr se souvenir que, pour réaliser le vol mystique, les Indiens Muiscas de Colombie pratiquent aussi une forme de contrôle du souffle qui ne doit sans doute rien à celles des autres continents [27].

En conclusion, rien dans le livre d'Élie ne permet d'envisager de façon certaine quelques contacts que ce soient avec le monde extérieur à la Bible sinon peut-être dans un cas : celui du scénario d'initiation qu'on reconnaît dans la première partie du chapitre 19 (1 Rois). En effet, ce type de cérémonial est certes étranger à la Bible, mais

---

27. Voir Reichel-Dolmatoff 1988, p. 44.

il se retrouve dans tout le Proche-Orient. Il n'est évidemment pas question d'en attribuer la paternité à l'élianisme d'autant que l'on trouve trace de mystères dans le monde assyro-babylonien à haute époque (voir S. Mayassis 1961). En revanche, il ne serait pas absurde de considérer que l'élianisme s'est fondé sur un rituel préexistant mais pour s'en démarquer et en lui insufflant un sens original. Le modèle pourrait être assyro-babylonien ou égyptien et plus probablement canaanéen. En tout cas, il devait sans doute être assez connu des destinataires du livre d'Élie car on ne voit pas pourquoi le narrateur aurait utilisé ce thème s'il ne le savait pas compris.

Pour le reste, on doit se contenter d'engranger attentivement des informations permettant d'enrichir l'inventaire typologique universel des thèmes religieux et philosophiques. Corroborées par d'autres, elles pourraient se révéler instructives.

Bilan

Tout n'a pas été traité, cité, expliqué[1]. Cette simple
incursion offre cependant du cycle d'Élie une lecture
nouvelle qui, si elle est fondée, n'est pas sans conséquences.

Au départ, ce récit se présentait comme un recueil
de traditions populaires assez désordonné, mais parfois
bien écrit, relatant sur le mode mythique les hauts faits d'un
héros sans doute plus légendaire qu'historique, triomphant
du Mal au nom de Yahvé. Cependant, l'élucidation d'un

---

1. Ce travail laisse bien des zones inexplorées : ainsi, alors qu'il a été
clairement établi que dans ce texte chaque mot, chaque détail compte,
aucune explication n'a été fournie à propos des étranges corbeaux
— oiseaux impurs — qui viennent nourrir Élie sur l'ordre de Dieu
(1 R 17, 4 ; voir Stiassny 1956, p. 204, et Ginzberg 1913, VI, p. 317,
n. 6) ; ni sur le long dialogue entre Obadia et le prophète (1 R 18, 7 s. :
le procédé jugé plus haut artistiquement habile (p. 16-17), ne cacherait-il
pas un enseignement comme d'autres historiettes ?) ; ni sur l'adjectif
indéfini *eḥad,* « un » qui, bizarrement, accompagne le nom du genêt deux
fois, d'abord en 1 R 19, 4 au masculin, puis au verset suivant au féminin :
on admet une erreur de graphie mais le texte est si perversement travaillé
qu'on vient à en douter et, de toute façon, l'indéfini dans le verset 5 se
justifie mal... Toujours en 1 R 19, 4, la formule : « je ne suis pas meilleur
que mes pères », n'a pas été élucidée. Et, pour tout ce passage, le jeu de
l'initiative divine et humaine est sans doute trop vite expédié : on a le
pressentiment d'une sorte de marivaudage sacré sans doute plein de sens
(mais lequel ?).

verset obscur situé au milieu du texte a mené à réinterpré-
ter l'ensemble du récit et, de proche en proche, s'est
révélée une œuvre aussi surprenante qu'importante ; en
effet, sous un fouillis naïf, se dissimule en fait un petit livre
construit avec une cohérence aussi implacable que raffinée ; c'est un manuel initiatique qui expose l'itinéraire
mystique du prophète Élie mais qui introduit aussi à cette
voie spirituelle par une disposition formelle fort singulière :
il ne présente pas seulement les grandes lignes de la
doctrine, il fait aussi participer à l'initiation en se révélant
en particulier comme un sanctuaire miniature. Il s'agit d'un
genre littéraire sans doute unique au monde et, en tout cas,
inconnu dans le monde biblique.

Étant donné sa date probablement très ancienne
(– VIIIe siècle), ce document constituerait le premier texte
mystique connu non seulement dans l'histoire juive mais
dans l'histoire de l'humanité.

C'est un livre d'un non-conformisme surprenant ; en
effet, loin d'être une épopée à la gloire de la tradition
d'Abraham, d'Isaac, de Jacob et de Moïse, il se pose
en fait comme une œuvre de rupture fondamentalement
antimosaïque où le Yahvé des patriarches apparait comme
à peine supérieur à Baal. Rompant avec l'Alliance, annu-
lant les notions de Terre promise et de Peuple élu, interdisant par avance tout messianisme, il révèle que la Voie est
intérieure et ouverte à chacun : par une concentration
ardente aboutissant à l'extinction du moi, elle tend à la
fusion de l'adepte en Dieu. Ni sentimentalité ni effusion
d'amour ou de joie mais, au-delà des sens, « le son d'un
silence fin ».

Sous forme imagée et sans jamais théoriser ni prescrire,

le livre d'Élie suggère le style de vie qui prédispose le mieux à cette mutation psychologique et, ainsi, se trouvent de fait proposées à l'intuition une religion, une morale, une politique et une hygiène. Malgré l'extrême concision, l'essentiel est dit et le particulier peut se déduire, de sorte que ce livre vaut une Loi : il vaut *la* Loi et fait d'Élie un nouveau Moïse — non pas un Moïse renouvelé, ni même un Moïse revu et corrigé — mais un nouveau prophète s'opposant à Moïse et le supplantant.

Par là même, le livre d'Élie s'impose comme un des sommets de la Bible ; il en est aussi sans doute le passage clé : sa date de composition probable — le VIIIe siècle avant Jésus-Christ — et sa présence, malgré son hétérodoxie, dans le corpus biblique le désignent comme la source vraisemblable d'une révolution spirituelle dont les grands prophètes seront les héritiers déférents.

Mais il serait injuste et anachronique de ne l'envisager que par rapport à la Bible et de ne voir en Élie qu'un prophète, c'est-à-dire, en fin de compte, un accessoire précédant ce qui serait l'essentiel, une étape dans une marche triomphale. D'autant plus injuste qu'Élie et son disciple n'auraient sans doute pas manqué de qualifier ces héritiers de traitres. En fait, Élie pour être grand n'a pas besoin de la grandeur des prophètes, pas plus que Platon ne se mesure à l'ampleur d'Augustin.

Huit siècles avant notre ère, le livre d'Élie prodiguait un enseignement dans lequel, outre la possibilité d'un Salut et justement au nom de ce Salut, s'affirmait l'individualisme le plus absolu, la relativité du pouvoir politique, l'exigence de l'objection de conscience, la dignité du serviteur, le détachement à l'égard de la famille et de la propriété, le féminisme et l'équanimité à l'égard de la sexualité, l'univer-salisme et le refus de sacraliser une terre, le mépris de la lettre et du formalisme : ce livre vieux de vingt-huit siècles est un livre d'avant-garde.

Et, qui plus est, soulignons-le pour terminer, attachant. Certes, la doctrine est austère, abrupte, sans concession, mais Élie et son disciple, chacun à leur façon, nous tendent la main : Élie, parce qu'il a été au bout de la nuit ; il a connu l'extrême de la douleur au point de se laisser mourir et nous dit que, là-bas, il a trouvé le salut. C'est un message d'espoir — le plus ancien dont nous ayons connaissance — qui s'adresse bien sûr à tous les suicidaires mais plus généralement à tous ceux qui souffrent ; c'est-à-dire à tous. — Son disciple, parce que c'est un homme qui sourit : c'est un maitre de l'humour — d'un humour qui n'est pas seulement une heureuse disposition de l'âme mais, au même titre que l'amour, l'expression d'une spiritualité puisque, dissolvant l'esprit de sérieux et réduisant ainsi les défenses du moi, il rapproche de l'Absolu.

Qu'il soit permis de souligner avec insistance que cette interprétation a été réalisée sans jamais recourir à la chirurgie exégétique habituellement appliquée à ce texte — ni addition, ni soustraction, ni interpolation. Cependant, même si l'on reconnaissait quelque valeur à cette nouvelle lecture, nul doute qu'elle appellerait un grand nombre de corrections, de nuances et de compléments. Mais, rappe-lons-le, ce travail n'est qu'un simple essai ne visant qu'à ouvrir des perspectives. Puissent ses insuffisances ne pas faire négliger un texte qui pourrait bien être une des œuvres fondatrices de l'humanité.

Annexes

Annexe 1 :
À propos du sens de *demama*

Ce mot est le nom correspondant au verbe très bien attesté *damam* signifiant dans tous les cas « devenir silencieux », « être silencieux » ou encore « s'arrêter », « devenir immobile »[1].
Exemples :
yiddemu ka-aben
« ils deviendront muets comme une pierre » (Ex 15, 16) ;
wayiddom haš-šémeš
« et le soleil s'immobilisa » (Jos 10, 13).

Les noms correspondants sont *duma, dumiyya, dumma, demi(domi)* « silence ». Il existe aussi l'adverbe *dumam* « en silence » (illustration dans Koehler-Baumgartner, sous ces mots).

Le nom correspondant *demama* est attesté en dehors du présent contexte dans deux passages où la valeur de « silence » apparait aussi très clairement :
Ps 107, 29 : *yaqem seʿara li-demama wa-yehešu galleyhem,*
« [Yahvé] ramena la tempête au silence et les vagues de la mer se turent ».

---

1. Voir, en arabe, le verbe de racine concave *dāma* « être en repos » (d'où « continuer à se trouver dans tel ou tel état » et « continuer », « durer »).

(La traduction par « brise » n'aboutirait pas ici à un contresens mais elle serait presque blasphématoire puisqu'elle minimiserait la puissance de Dieu dans un passage précisément consacré à l'exalter.)

Jb 4, 16 : « Quelqu'un est debout et je ne reconnais pas son aspect ; une image est devant mes yeux [il s'agit d'un spectre] » ; *demama waqol 'ešmaᶜ*, c'est-à-dire « un silence, puis j'entendis une voix ». Cette traduction littérale s'intègre parfaitement au contexte et on ne voit aucune raison d'en chercher une autre : c'est la solution retenue par la TOB par exemple.

C'est donc uniquement dans le passage relatif au prophète Élie que le mot *demama* s'est vu attribuer le sens de « bruit léger » mais rien ne permet de conforter cette traduction — d'autant moins que le Targoum ne la propose pas ; or, si *demama* avait réellement signifié « brise » ou « murmure », on ne voit pas pourquoi les traducteurs du Targoum auraient hésité à rendre littéralement en araméen une notion concrète aussi limpide.

Annexe 2 :
Remarque sur les versions orientales

Les versions orientales n'éclairent pas mieux le texte que les versions occidentales.

Le Targoum ne fournit pas une véritable traduction mais une paraphrase qui pose plus de problèmes qu'elle n'en résout. En effet, non seulement il choisit — arbitrairement — le sens de « voix » pour rendre l'hébreu *qol* mais il précise de façon mystérieuse que cette voix est celle de gens qui louent Dieu — élément totalement absent du contexte. D'autre part, il est dit que ces gens louent Dieu *ba-ḥašay,* ce qui peut se comprendre comme « en secret » ou « en silence ». Il en résulte une certaine divergence chez les docteurs : Saadia, dans sa version arabe, suit le Targoum de près mais choisit pour *ba-ḥašay* le sens de « dans la quiétude » (*ṣawtu tasbiḥati bi-sukūn,* « la voix d'une louange dans la quiétude ») — ce qui est très loin du texte hébreu. Rashi et ses successeurs en citant le Targoum n'insistent pas sur ces « gens qui louent [Dieu] » et envisagent pour *demama* comme pour *ḥašay* le sens de « silence ». Ils considèrent alors que *qol demama* signifie « un mélange de voix et de silence » — c'est-à-dire, selon eux, « une voix basse ». Ce raisonnement peut tout au plus être qualifié d'astucieux car il n'est pas évident qu'une voix basse résulte de l'addition de néant à une production sonore ; d'autre part, l'interprétation ne rend pas compte de l'adjectif *daqqa,* « fin, mince ». Or, sa présence souligne que ce silence est total : c'est un silence qui est *vraiment* un silence ; cette indication contredit l'interprétation par « mélange de voix et de silence — voix basse » car, si l'on voulait exprimer une réalité qui justement n'est pas le silence profond, on ne voit pas pourquoi on aurait tenu à préciser que le silence intervenant dans le mélange est profond.

La version syriaque (« une voix articulée faiblement ») suppose une interprétation de même type que celle des commentateurs juifs ; on peut lui adresser les mêmes critiques.

Signalons enfin une curieuse traduction copte [2] : « [...] un son de souffle léger et [avec] un grand silence ». On voit que le traducteur reproduit l'interprétation des Septante mais en lui

---

2. Voir Ciasca 1885, vol. I ad III Reg. XIX. 9-14. J'ai eu connaissance de cette traduction par une fort instructive communication de Mme D. Ṣiṣmanian au Groupe linguistique d'études chamito-sémitiques (GLECS, 17 avril 1991) encore non publiée. Mme Ṣiṣmanian souligne à juste titre que cette version suppose que les traducteurs coptes n'opéraient pas seulement sur le texte grec mais aussi sur l'original hébreu.

juxtaposant une autre plus proche de l'hébreu. Tout se passe donc comme s'il avait compris que les Septante se trompaient et que, lui-même, embarrassé par l'oxymoron de l'hébreu, il ne se sentait pas assez sûr de lui pour oser rompre avec la version officielle. Il ménage donc ses arrières — et peut-être aussi la hiérarchie — mais, bien entendu, sa traduction ne résout pas le problème.

Annexe 3

Le texte de 1 R 19, 11 comporte une bizarrerie : dans la formule *rúaḥ gedola ve-ḥazaq,* « un vent grand et fort », le premier adjectif *gadol* est accordé au féminin alors que le second *(ḥazaq)* est accordé au masculin. Or, en hébreu, l'adjectif s'accorde en genre et en nombre avec le nom dont il dépend et cela sans exception [3]. Puisque le nom *rúaḥ* est féminin, il faut considérer que le texte est corrompu [4]. Mais l'hypothèse est embarrassante non seulement parce que, par principe, on ne peut se permettre une correction qu'en dernier recours mais aussi parce que ce type de faute est hautement invraisemblable : dans les langues où fonctionne un accord de genre, l'automatisme est si fortement intégré que l'on imagine mal un copiste faillir sur ce point [5].

---

3. Voir Joüon 1923, p. 148a. En dehors du passage étudié ici, l'auteur ne signale que deux autres cas mais dubitativement et en signalant que « le texte est très probablement altéré ». Cela est clair pour le premier (1 S 15, 9). Pour le second (Jr 20, 9), l'hypothèse d'une altération est inutile car seul le premier adjectif se rapporte au nom qui précède (voir par ex. la traduction de Dhorme).

4. Parfois *rúaḥ* est parfois accordé au masculin mais cette incertitude ne change rien au problème ; quel que soit le genre, l'accord doit être cohérent dans les deux adjectifs.

5. On peut s'en rendre compte aisément en français : aucun francophone ne dirait jamais, par exemple, « un homme fort et grande ».

On peut pourtant — à tout hasard — l'admettre mais on peut aussi tenter de trouver une autre explication. Or, nous avons souvent noté que le narrateur manipulait le langage avec virtuosité et que dans un cas au moins il faisait usage de la paronymie (voir p. 59). Il ne serait peut-être donc pas absurde de considérer que l'accord dissymétrique serait voulu et significatif exactement comme dans le cas de la formule apparemment contradictoire *qol demama daqqa*. Il pourrait s'agir d'une sorte d'oxymoron syntaxique ; l'étrangeté du procédé viserait à exprimer un aspect insolite de la réalité exprimée par le nom *rúaḥ*. Or, si l'interprétation du premier chapitre est exacte, elle se référerait non pas à une tempête banale mais à un état mystique. Il s'agirait d'une agitation affective violente, d'une sorte de débordement dionysiaque (voir p. 31 s.). S'il en est ainsi, on pourrait peut-être envisager que la présence d'un adjectif au masculin et d'un autre au féminin évoquerait une effusion de type sexuel où le sujet ressentirait tantôt l'exaltation de sa propre puissance, tantôt l'aspiration à être possédé. Elle pourrait rappeler la recherche mystique de la *coincidentia oppositorum*[6].

---

6. Elle n'est pas sans évoquer un mystique comme Jean de la Croix parlant de lui-même au féminin en attribuant à son âme — l'aimée — des sentiments brulants pour l'Aimé (« *Oh noche que juntaste/ Amado con amada/ amada en el Amado transformada* », in *Noche Oscura*, Exposition ; voir *Viva llama de amor*, str. 3 *passim*). On pense aussi à Ibn Arabī : « Seigneur ! [...] Verse la boisson de l'union à un amant qui n'a cessé de se plaindre de la soif de la séparation » (p. 259).

Bibliographie

AHARONI (Yohanan) 1971 : « Arad », *Encyclopaedia Judaica* 3, p. 244 s., Jérusalem.

ALBRIGHT (William Foxwell) 1951 : *De l'âge de la pierre à la chrétienté*, Paris.

ALLISON, Jr (Dale C.) 1988 : « The Silence of Angels. Reflections on the Songs of the Sabbath Sacrifice », *Revue de Qumran*, 1988, p. 49-52 (*Mélanges Carmignac*, p. 189-197).

ARABĪ (Ibn) 1985 : *La Profession de foi*, trad. Roger DELADRIÈRE, Paris.

Authorized Version 1611 : *The Holy Bible containing the Old and New Testaments.*

BASTIDE (Roger) 1968 : « Initiation », *Encyclopaedia Universalis*, Paris.

Bible de Gand 1589 : *De gantsche Heylige Schrift*, Leyde.

Bible de Nuremberg 1483 : *Disz durichleuchtig ist werck der gansen heyligen geschrift genant dy bibel.*

BUBER (Martin), ROSENZWEIG (Franz) 1955 : *Bücher der Geschichte*; réédition 1979, Heidelberg, Lambert Schneider.

BURNEY (C.F.) 1903 : *Notes on the Hebrew Text of the Book of Kings,* s.l.

BUSINK (T.A.) 1970 : *Der Tempel von Jerusalem,* Leyde.

CALMET (Augustin) 1711 : *Commentaire littéral sur tous les livres de l'Ancien et du Nouveau Testament,* Paris.

CALVIN (Jean) 1565 : *La Bible francoise.*

CAZELLES (Henri) 1973 : *Introduction critique à l'Ancien Testament,* Paris.

CHEVALIER (Yves) 1981 : *L'Architecture des dolmens à chambre quadrangulaire,* thèse de 3ᵉ cycle, Paris.

CHOURAQUI (André) 1974-1977 : *La Bible,* traduction française, Desclée de Brouwer.

CIASCA (Aug.) 1885 : *Ed. Sacrorum Bibliorum Fragmenta Copto-Sahidica Musei Borgiani (Ex Cod. 99, coll. Borgia). Vol. I.III.*

COHEN (David) 1984 : *La Phrase nominale et l'évolution du système verbal en sémitique. Études de syntaxe historique,* Paris.

COOTE (Robert B.) 1981 : « Yahweh recalls Elijah. Traductions in Transformation », in *Mélanges Cross,* 1981, p. 115-120.

COVERDALE (Miles) 1532 : *The Holy Bible,* Zurich-Cologne (?).

CRAMPON (A.) 1894-1904 : *La Sainte Bible,* traduction française révisée par J. BONSIRVER, Paris, 1960.

CROSS (Frank Moore) 1973 : *Canaanite Myth and Hebrew Epic,* Cambridge.

DANIÉLOU (Alain) 1951 : *Yoga,* Paris.

DHORME (Édouard) 1949 : *Les Religions de Babylone et d'Assyrie,* Paris. — 1956 : *Bible* (traduction), Paris, coll. « Bibl. de la Pléiade ».

Dictionnaire des symboles, 1969 : sous la direction de J. CHEVALIER avec le concours de A. GHEERBRANT, Paris.

DUCHEMIN (Jacqueline) 1974 : *Prométhée, histoire du mythe, de ses origines orientales à ses incarnations modernes,* Paris.

DUPONT-SOMMER (André) 1980 : *Essénisme et Bouddhisme,* comptes rendus de l'Académie des inscriptions et belles-lettres, Paris.

ELIADE (Mircea) 1948 : *Techniques du yoga,* Paris. — 1959 : *Initiations, rites, sociétés secrètes,* Paris. — 1970 : *Traité d'histoire des religions,* Paris. — 1978 : *Histoire des croyances et des idées religieuses,* Paris.

Élie le Prophète 1956 : Publication des études carmélitaines, 2 tomes, Paris.

Encyclopeadia Judaica 1971 : MACMILLAN, Jérusalem.

EPHREM DE NISBÉ (saint) : *Opera Omnia in I. Lib. Regnorum.*

FOHRER (Georg) 1957 : *Elia,* Zurich.

GARDET (Louis), LACOMBE (Olivier) 1981 : *L'Expérience du soi,* Paris.

GINZBERG (Louis) 1913 : *The Legends of the Jews,* Philadelphie.

GRANDET (Pierre) 1988 : « Moïse et les routes de l'Exode », *L'Histoire,* n° 117, décembre 1988, Paris, p. 90-100.

GRAY (John) 1964 : *I et II Kings. A Commentary,* Londres, SCM Press. — 1977 : *ibid.,* 3ᵉ éd. revue et corrigée.

GROLLENBERG (L.H.) 1957 : *Atlas of the Bible,* Nelson.

HAYEK (Michel) 1956 : « Élie dans la traduction syriaque », in *Élie le Prophète, op. cit.,* t. I, p. 159, 178.

HEMPEL (J.) 1964 : *Geschichten und Geschichte im Alten Testament bis zur persischen Zeit.*

IKEMI (Yujiro) 1980 : « Les états modifiés de conscience », in *Colloque de Cordoue 1980 : « Science et conscience »,* Paris.

JACOB (Edmond) 1967 : *L'Ancien Testament,* Paris, coll. « Que sais-je ? ».

JEAN DE LA CROIX (saint) 1929-1931 : P. Silverio DE SANTA TERESA éd., *Obras de san Juan de la Cruz,* doctor de la Iglesia, El Monte Carmelo, 5 volumes. — 1938 : traduction française par MARIE DU SAINT-SACREMENT, *Œuvres de saint Jean de la Croix,* docteur de l'Église et père du Carmel réformé, Paris.

JEREMIAS (Järg) 1965 : *Theophanie,* Neukirchenvluyn.

JOÜON (Paul) 1923 : *Grammaire de l'hébreu biblique,* Rome.

KAHN (Zadoc) 1899-1906 : *La Bible,* traduction française, Paris, Colbo.

KALTENMARK (Max) 1965 : *Lao-tseu et le taoïsme,* Paris.

KITTEL (Rudolf) 1900 : « Die Bücher der Könige » in *Handkommentar zum Alten Testament,* Göttingen, Vandenhoeck et Ruprecht.

KOEHLER (L.), BAUMGARTNER (W.), STAMM (J. J.) 1967-1983 : *Hebräisches und Aramäisches Lexikon zum Alten Testament,* Leyde.

LALANDE (André) 1962 : *Vocabulaire technique et critique de la philosophie,* Paris.

LANGTON (Édouard) 1951 : *La Démonologie,* traduction de G. WARINGHIEN, Paris.

LAO-TSEU (Laozi) 1953 : *Le Livre de la Voie et de la vertu,* traduction de J.J.L. DUYVENDAK, Paris.

LARGEMENT (R.) 1955 : « La Religion suméro-akkadienne », *Histoire des religions,* publié sous la direction de M. BRILLANT, R. AIGRAIN, Paris, t. IV, p. 119-176.

LEFÈVRE D'ÉTAPLES (Jacques), 1529 : *La Sainte Bible en francoys translatee selon la pure et entiere traduction de saint Hierosme,* Anvers.

LEEUW (G.) VAN DER 1955 : *La Religion dans son essence et ses manifestations,* Paris.

LIER (W.F.) VAN : *Aanteekeningen over het geestelijk leven en de Saner leving der Djoekas in Suriname* (Bijschr. Taal-Land en Volkenk. v. N.I. 99, 2), 136 (cité sans date par Van der Leeuw).

LODS (Adolphe) 1950 : *Histoire de la littérature hébraïque et juive,* Paris.

LUTHER (Martin) 1534 : *Die Bibel,* rééd. Basler Bibelgesellschaft, Bâle.

MASPERO (Henri) 1937 : « Les procédés de nourrir le principe vital », *Journal asiatique,* nᵒˢ 4-6 et 7-9 de 1937 ; reproduit dans *Le Taoïsme et les religions chinoises,* Paris, 1971.

MASSIGNON (Louis) 1956 : « Élie et son rôle transhistorique,

Khadiriya en islam », in *Élie le Prophète, op. cit.,* t. 2, p. 269-2590. — 1975 : *La Passion de Husayn ibn Mansūr Hallāj,* Paris.

MASSON (Emilia) 1967 : *Recherches sur les plus anciens emprunts sémitiques en grec,* Paris.

MASSON (Michel) 1979 : « À propos des critères permettant d'établir l'origine sémitique de certains mots grecs. Comptes rendus du GLECS », XXIV-XXVIII, Paris. — 1991. « L'expérience du Prophète Élie : *qol demama daqqa* », *Revue de l'histoire des religions,* 1991, fasc. 3.

MAYASSIS (S.) 1961 : *Mystères et initiations dans la préhistoire et la protohistoire,* BAOA. Athènes.

MONTGOMERY (James A.) 1951 : *A Critical and Exegetical Commentary on the Books of Kings,* Édimbourg.

New English Bible (The) 1870 : Oxford University Press-Cambridge University Press.

NORBERG (Dag) 1968 : *Manuel pratique de latin médiéval,* Paris.

OLIVÉTAN (Pierre ROBERT, dit) 1535 : *La Bible, qui est toute la Saincte escripture, en laquelle sont contenus le Vieil Testament et le Nouveau, translatez en francoys.*

OSTY (Émile) 1973 : *La Bible,* Paris, Éd. du Seuil.

PADRO (J.) 1980 : « Deux possibles mentions des quatre éléments dans la littérature égyptienne classique », *Faventia* 2/2, 1980, p. 5-17.

Penseurs grecs avant Socrate (De Thalès de Milet à Prodicos) 1964 : présenté par J. VOILQUIN, Paris.

PERRIN (Michel) 1989 : *Raban Maur. Louanges de la Sainte Croix,* traduction, notes et présentation, Paris.

Philocalie 1979 : *Petite Philocalie de la prière du cœur,* traduite et présentée par J. GOUILLARD, Paris.

REICHEL-DOLMATOFF (Gerardo) 1988 : *Orfebreria y chamanismo,* Medellín.

REUSS (E.) 1876 : *La Bible,* Traduction nouvelle, 9 volumes, Paris, Sandoz-Fischbacher.

ROBINSON (T.H.) 1932 : *History of Israel,* Oxford.

ROSÉN (Haim) 1979 : *L'Hébreu et ses rapports avec le monde classique,* Paris.

SCHICK (G.V.) 1913 : « The Stems DUM and DMM in Hebrew », *Journal of Biblical Literature,* n° 32.

SCHUHL (P.-M.), 1947 : *Études sur la fabulation platonicienne,* Paris.

SCHUSTER (C.) 1947 : « A Pereanial Puzzle : the Motive of Three Fishes with a Common Head », in *Art and Thought,* In honor of A.K. Coomaraswamy, Londres.

SEGOND (Louis) 1910 : *La Bible,* traduction française, Paris.

SISMANIAN (Dana) 1991 : « La traduction copte de 1 Rois 19, 12 », *Communication au GLECS,* 17 avril 1991, non publié.

STAMM (J.J.) 1966 : « Elia am Horeb », *Studia Biblica et Semitica (Mélanges Vriezen),* p. 327-334.

STECK (O.H.), 1968 : *Überlieferung und Zeitgeschichte in den Elia- Erzählungen,* Neukirchen.

STEINMAN (Jean), 1956 : « Le geste d'Élie dans l'Ancien Testament », in *Élie le Prophète, op. cit.,* t. I, p. 93-115.

STIASSNY (Marie-Joseph) 1956 : « Le prophète Élie dans le judaïsme », in *Élie le Prophète, op. cit.,* t. II, p. 119-256.

TOB 1975 : *Traduction œcuménique de la Bible,* Paris.

TUCCI (Giuseppe) 1974 : *Théorie et pratique du mandala (Teoria e pratica del Mandala),* traduction de l'italien H.J. MAXWELL, Paris.

VAUX (Roland DE) 1958 : *Traduction du livre des Rois* (dans la Sainte Bible traduite en français sous la direction de l'École Biblique de Jérusalem), Éd. du Cerf, Paris.

VOELTZEL (René) 1972 : *Élie le Prophète,* Neuchâtel.

VOLZ (P.) 1949 : *Prophetengestalten des Alten Testaments,* Stuttgart.

WÜRTHWEIN (Ernst) 1970 : « Elijah at Horeb », in *Proclamation and Presence, in honor of G.H. Davies,* p. 152-166. — 1984 : *Das Alte Testament Deutsch. Die Bücher der Könige,* Göttingen.

ŽABA (Zbynek) 1953 : *L'Orientation astronomique dans l'ancienne Égypte et la précision de l'axe du monde,* Prague.

ZAKOVITCH (Yair) 1979 : *ʿAl šloša ve-ʿal arbaʿa,* 2 volumes, Jérusalem, Makor. — 1981 : « Qol demama daqqa », *Tarbiz,* n° 51, p. 329, 346.

ZUMTHOR (Paul) 1975 : *Langue, texte, énigme,* Paris.

INDEX

TABLE DES MATIÈRES

Parole présente

Achevé d'imprimer le 6 janvier 1992
dans les ateliers de Normandie Roto S.A.
61250 Lonrai
N° d'éditeur : 9220
N° d'imprimeur : R1-1370
Dépôt légal : janvier 1992